Vorwort

Liebe Leserin, lieber Leser,

Sie wollen Ihr Hobby Tauchsport ganzjährig betreiben und auch in unserem Heimatland neue Tauchziele finden. Sie werden vielleicht erstaunt sein, daß diese Bücher auch von Teichen und Bächen handeln, bewußt auch Gewässer mit geringen Tiefen und nur mittelmäßigen Sichtweiten vorstellen. Einerseits hat die Beobachtung heimischer Natur nur sehr wenig mit der Maximaltiefe eines betauchbaren Gewässers zu tun, andererseits sind die klaren Gewässer in Deutschland im allgemeinen auf Quelltöpfe, nährstoffarme Seen und saure Bergbaurestlöcher beschränkt. Diese "weitsichtigen" Gewässer machen nur einige wenige Prozente der Gesamtwasserfläche aus und vermitteln auch nur einen kleinen Einblick in die Lebewelt unter Wasser.

Einmal abgesehen von der vielzitierten Umweltverschmutzung sollte sich jeder vergegenwärtigen, daß Seen im geologischen Sinne nur relativ kurzlebige Gebilde sind. Oft existieren sie nur 50 bis 80.000 Jahre. Es ist das natürliche Schicksal von Seen, am Anfang nährstoffarm und klar, später mesotroph und leidlich klar und zum Schluß eutroph zu sein. Die Pflanzen und Tiere produzieren im See Sedimente, die einen See nach und nach über mehrere Moorentwicklungsstadien hin verlanden lassen. Mit dem Drucklufttauchgerät, manchmal aber auch nur mit Maske und Schnorchel können Sie sich beinahe alle Stadien von Gewässern erschließen. Der engagierte Süßwassertaucher sollte das Werden und Vergehen von Gewässern sehen, erleben, bewerten können und auch wollen. Die Entdeckung der kleinen und großen Geheimnisse im Süßwasser bringt detaillierte Kenntnisse über die heimische Natur und ist nicht zu vergleichen mit dem oberflächlichen "Abklappern" von Modereisezielen. Nur zu Hause können Sie jederzeit agieren und mißlungene Tauchgänge und Fotovorhaben neu versuchen.

Engagierten Naturschützern wird es verwerflich erscheinen, eine Darstellung mit zum Teil schutzwürdigen Gewässern für die Sporttaucher zu veröffentlichen. Tatsache ist, daß, wo auch immer durch Menschen bewirkte Wasserverschlechterungen auftraten, diese nur sehr selten durch taucherische Aktivitäten verursacht wurden. Es ist jedoch einfach, die relativ auffällige und überdies zahlenmäßig geringe Gruppe der Sporttaucher zu verteufeln.

In unserer Zeit der sterilen Distanz zu allem Lebendigen, bedingt durch die immer perfekter werdenden Kommunikationssysteme, scheint es wichtig, vielen Menschen den direkten Kontakt mit der Natur zu vermitteln.

Wer wird sich denn noch "livehaftig" für lebendige Natur engagieren, wenn Gewässer, Pflanzen und Tiere nur noch hinter Absperrungen und Glasscheiben erlebbar sind, wenn es vielleicht nur noch Videos gibt?

Natur hautnah und aufregende Tauchgänge zu Hause wünscht Ihnen

Falk Wieland

Die Forelle (1782)

In einem Bächlein helle,
Da schoß in froher Eil
Die launische Forelle
Vorüber wie ein Pfeil.
Ich stand an dem Gestade
Und sah in süßer Ruh
Des muntern Fisches Bade
Im klaren Bächlein zu.

Ein Fischer mit der Rute
Wohl an dem Ufer stand
Und sah's mit kaltem Blute
Wie sich das Fischlein wand
So lang dem Wasser Helle
So dacht ich, nicht gebricht,
So fängt er die Forelle
Mit seiner Angel nicht.

Doch plötzlich war dem Diebe
Die Zeit zu lang Er macht
Das Bächlein tückisch trübe
Und eh ich es gedacht, -
So zuckte seine Rute,
Das Fischlein zappelt dran,
Und ich mit regem Blute
Sah die Betrogene an.

Die ihr am goldnen Quelle
Der sichern Jugend weilt,
Denkt doch an die Forelle;
Seht ihr Gefahr, so eilt!
Meist fehlt ihr nur aus Mangel
Der Klugheit. Mädchen seht
Verführer mit der Angel!
Sonst blutet ihr - zu spät.

Von Christian Friedrich Daniel Schubart (1739 - 1791), im Jahre 1817 als "Forellenquintett" von Franz Schubert vertont.

Die Forelle. (Foto: F. Wieland)

EDITION FREIZEIT UND WISSEN
TAUCHREISEFÜHRER BAND 15
Herausgeber: Dr. Friedrich Naglschmid

Tauchreiseführer Ostdeutschland

- Der Süden -

Ein Leitfaden für Naturbeobachtungen
in einheimischen Gewässsern
vom Heidesee über den Mittelgebirgsbach
bis hin zum Erdfallquellsee

von
Falk Wieland

VERLAG SN

VERLAG STEPHANIE NAGLSCHMID STUTTGART

Die Deutsche Bibliothek - CIP-Einheitsaufnahme

Wieland, Falk:
Tauchreiseführer Ostdeutschland / von Falk Wieland. -
Stuttgart : Naglschmid
Der Süden: ein Leitfaden für Naturbeobachtungen in
einheimischen Gewässern vom Heidesee über den Mittelgebirgsbach
bis hin zum Erdfallquellsee. - 1994
(Edition Freizeit und Wissen : Tauchreiseführer; Bd. 15)
ISBN 3-927913-43-X
NE: Edition Freizeit und Wissen / Tauchreiseführer

Alle Abbildungen über MTI-Press, Stuttgart

Fotos:	Sabine Reul und Falk Wieland, Dresden
Titelfotos:	Falk Wieland, Dresden
Titelgestaltung:	MTi-Press, Stuttgart
Zeichnungen und Karten:	Sabine Reul und Falk Wieland, Dresden

Unsere Bücher werden auf chlorfrei gebleichtem Papier gedruckt.

Herstellung: Druckerei Schreck GmbH u. Co. KG, 67487 Maikammer/Pfalz

Inhaltsverzeichnis

Teil Seen bei Berlin

I. Die Märkische Schweiz

Von Berlin bis Beeskow / Storkow

Sicher ist es in einem Tauchreiseführer weder nötig noch möglich, die Vielfalt der Sehenswürdigkeiten und Kulturstätten von Berlin vorzustellen. An dieser Stelle sollen nur zwei Plätze Erwähnung finden, die dem naturinteressierten Taucher vielleicht einen häßlichen, naßtrüben Tag überbrücken helfen können. Da wäre zum einen das faszinierende Aquarium im Westberliner Tiergarten; die farbenprächtigen Becken ziehen wohl jeden Besucher in ihren Bann. Und da ist zum anderen das Naturkundemuseum auf der Invalidenstraße, das anhand von schier unermeßlichen Sammlungen Naturgeschichte und Evolution im Zusammenhang darzustellen versucht.

Nicht weit von Buckow können Sie ein beeindruckendes Naturdenkmal besuchen, die 150 Jahre alte Wurzelfichte. Der 20 Meter hohe Baum wurzelt in der Uferböschung des Wildbaches Sophienfließ und sein gewaltiger Wurzelstock, unter dem zwanzig Menschen Platz finden, ist teils freigespült. Trotz des überwiegend an der Luft befindlichen Wurzelstocks und der Beanspruchung durch herumkletternde Kinder ist der Baum kerngesund.

Nördlich der Straße von Storkow nach Reichenwalde befindet sich die Binnendüne "Waltersberge". Unbewaldete Binnendünenlandschaften stellen in Deutschland eine außerordentliche Seltenheit dar. Der Steilhang der beinahe einen Kilometer langen Düne weist nach Süden, so daß also zur Zeit der Entstehung dieses Gebildes anhaltend scharfe Nordwinde geherrscht haben müssen.

In Beeskow finden Sie ein biologisches Heimatmuseum. Die Ausstellung ist auf dem Gelände einer aus dem 13. Jahrhundert stammenden Wasserburg untergebracht. Die Exposition beschäftigt sich vor allem mit den Besonderheiten der ostbrandenburgischen Heide- und Seenlandschaft. Ein Ausstellungsteil ist dem Australienforscher Ludwig Leichhardt (1813 - 1848) gewidmet, der aus der Beeskower Gegend stammt und seit seiner zweiten Australiendurchquerung verschollen ist.

1. Der Wandlitzsee

Wer diesen Namen liest, denkt sicher zunächst an die berühmt-berüchtigte Siedlung der Politprominenz der jüngst vergangenen DDR.

Links: Über stille märkische Landstraßen sind viele schöne Tauchplätze zu erreichen. (Fotos: F. Wieland)

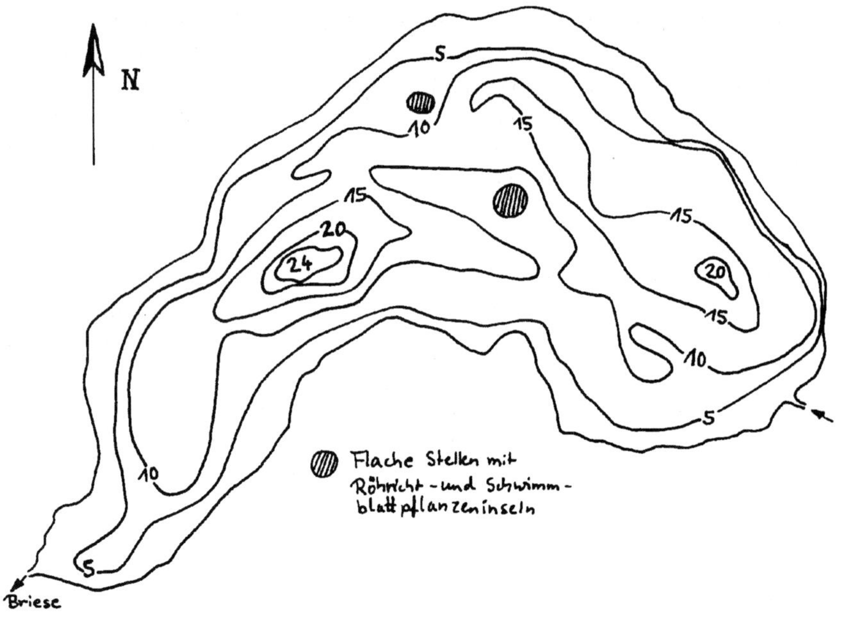

Tiefenkarte des Wandlitzsees (nach Samter).

Von dem herrlichen Tauchgewässer Wandlitzsee haben die wenigsten eine Vorstellung. Der Wandlitzsee ist einer der wenigen tiefen Seen rund um Berlin. Seine größte Tiefe beträgt in der westlichen Hälfte 24 Meter, in der östlichen Hälfte reicht ein zweites tiefes Becken bis 20 Meter hinab.

Die Uferbank des Wandlitzsees fällt steil in die Tiefe, das Bodenprofil am Grunde ist unregelmäßig-bergig. Der windexponierte See hat im Hochsommer eine heftige Planktonentwicklung, die die Sicht im sonst sehr klaren Wasser herabsetzt und das Licht in der Tiefe mindert. Der Grund jenseits der 10-Meter-Tiefenlinie ist mit grauem Faulschlamm bedeckt. Westlich des großen Binsenberges in der Mitte des Sees findet man beim Tauchen auch einmal kiesigen Grund. Besonders hier und an ufernahen Tothölzern haften zahlreiche Dreikantmuscheln, leben Flußmuscheln, Erbsenmuscheln und verschiedene Schnecken. Amerikanische Flußkrebse haben den Wandlitzsee besiedelt.

Die Pflanzenwelt ist im Wandlitzsee durch einen schmalen Saum Röhricht und kaum Kraut gekennzeichnet. In 5 bis 15 Metern Tiefe fallen unförmige hellgrüne Ballen auf, die bisweilen mannshoch sein können. Diese Gebilde sind Massenentwicklungen sogenannter Moosalgen, die auf den zunehmenden Nährstoffeintrag verweisen.

Der vor allem im Frühsommer und Spätherbst recht klare Wandlitzsee ist sehr fischreich. Besonders sind gigantische Schwärme von kleinwüchsigen Plötzen zu nennen. Bleie, Barsche und Ukeleie sind häufig, Hechte eher selten zu sehen. Beim Nachttauchen trifft man häufig auf große Aale, auf Kaulbarsche und Schlammpeitzger. Schleien haben es auf Grund der steilscharigen Ufer nicht so gut im Wandlitzsee und sind nur in geringer Zahl vorhanden.

Trotzdem der Wandlitzsee sichtlich altert, hat hier noch ein winziges Vorkommen der Kleinen Maräne überlebt, das einzige im Berliner Raum.

Den Wandlitzsee erreichen Sie über die Autobahn Berlin-Prenzlau. Die Abfahrt zum Dorf Wandlitz ist autobahnähnlich weitergeführt. In der Nähe des Bahnhofes "Wandlitzsee" gibt es mehrere Stellen, die sich für einen Taucheinstieg eignen. Leider sind weite Strecken des Seeufers verbaut.

Bitte berücksichtigen Sie bei eventuellen Tauchvorhaben im Bereich Wandlitzsee, Heilige Drei Pfühle und Liepnitzsee bestehende Waldbrandwarnstufen, Fußmärsche mit Ausrüstung und den besonderen Status von Forstwegen.

2. Die Heiligen Drei Pfühle

Über Waldwege finden Sie sicher zwischen Wandlitz und Ützdorf zu den Heiligen Drei Pfühlen. Sie liegen in einem herrlichen Buchenwald zwischen dem Ort Wandlitz und dem Liepnitzsee. Am besten beginnen Sie die Fahrt oder den Rundgang an der Gaststätte "Versunkene Glocke" am Ortsrande von Wandlitz.

Während sich der erste Pfuhl nahe Wandlitz kaum noch zum Tauchen eignet, ist der zweite schon besser. Der dritte der Heiligen Drei Pfühle, am weitesten gen Liepnitzsee gelegen, ist der schönste. Hier lohnt durchaus ein Einstieg für Liebhaber von Wasserpflanzen. Schon von außen macht das Gewässer mit Schilfkolben, Wasserschwertlilien, Seerosenfeldern und Großen Mummeln einen guten Eindruck. Unter Wasser empfangen Sie eine märchenhaft reichhaltige Laichkrautgesellschaft und viele versteckt stehende Fische.

3. Der Liepnitzsee

Inmitten eines hügeligen Geländes bei Ützdorf liegt der Liepnitzsee im Mischwald. Aus seinen Fluten erhebt sich eine Insel mit Zeltplatz, die von einer Fähre angesteuert wird. Diese Insel wäre ein guter Ausgangspunkt für Taucheinstiege.

Wer ohne viel Aufwand vom Ufer aus tauchen will, dem seien Westufer und Südostufer des Sees empfohlen. Hier kann man das Auto günstig abstellen und ganz in aller Ruhe die Taucherei vorbereiten.

Die Sicht im Liepnitzsee liegt in günstigen Jahreszeiten bei 10 Metern, im Hochsommer jedoch nur bei 3 bis 5 Metern. Im Schilf rund um den Liepnitzsee stehen gigantische Hechte. Barsch, Kaulbarsch und Schlammpeitzger sind hier häufig, Plötze und Rotfeder bevorzugen den ufernahen Flachwasserbereich, am Rande des Schlammes in der Tiefe leben Blei und Güster.

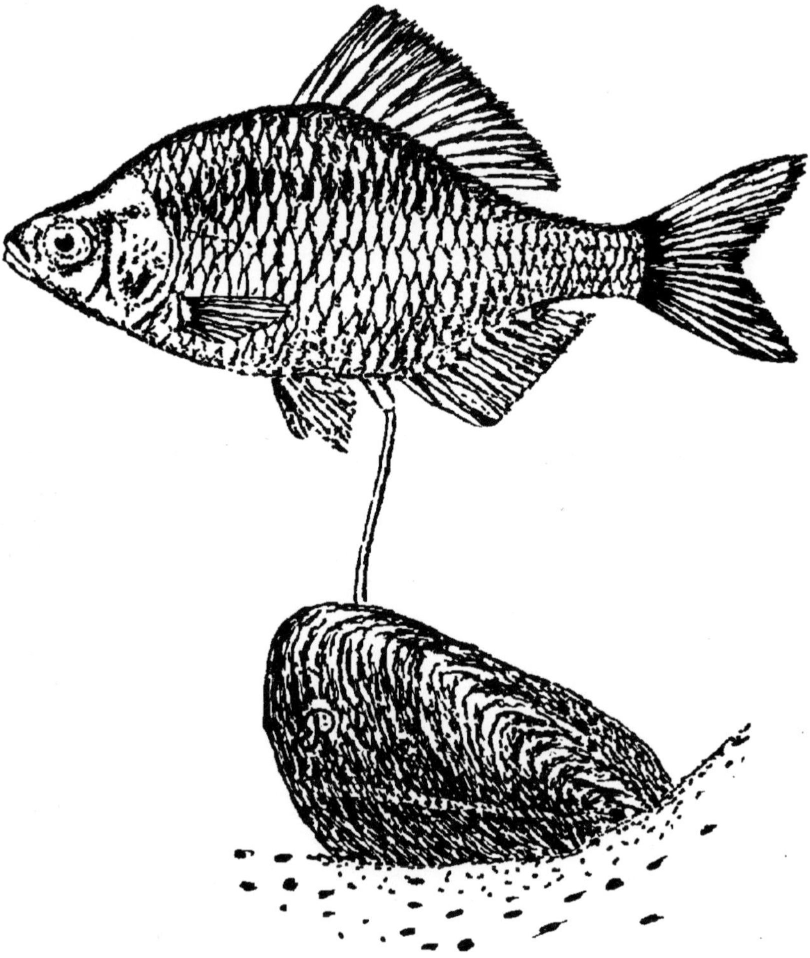

Bitterlingsweibchen beim Ablaichen.

Seite 12 oben:	**Herrliche Waldwege verbinden Wandlitzsee, Heilige Drei Pfühle und Liepnitzsee.**
Seite 12 unten:	**Einer der urwüchsigen Pfühle.**
Seite 13 oben:	**An der Krummen Lanke.**
Seite 13 unten:	**Erlebnistauchen in märkischen Seen. (Fotos: F. Wieland)**

Vom Unterwassereindruck ähnelt der Liepnitzsee dem Wandlitzsee stark. Es gibt hier jedoch keine Maränen. Dafür läßt sich ein anderes seltenes Fischlein betrachten: der Bitterling.

Der Bitterling ist ein kleiner hochrückiger Fisch von unter 10 Zentimetern Länge. Auf silbrigem Schuppenkleid trägt er einen blaugrünen Streifen, der sich zum Schwanzstiel hin verbreitert. Dieser winzige Fisch ist in seiner Fortpflanzung an Vorkommen von Teich- und Malermuscheln gebunden. Etwa zwischen Ende April und Anfang Juni legt das Weibchen die Eier über eine lange rosa Legeröhre in den Kiemenraum der Muscheln ab. Das Männchen ergießt seinen Samen über die Atemöffnung der Muschel, so daß es zwischen den Kiemenblättern des Wirtes zur Befruchtung kommt. Die Bitterlingsbrut ist zwischen den Muschelkiemen auf Wochen geschützt und mit sauerstoffreichem Wasser versorgt. Die Jungfische verlassen die schützende Muschel als schwimmfähige Fische von etwa einem Zentimeter Länge. Häufige Pflanzen im Liepnitzsee sind Durchwachsenes Laichkraut, Krauses Laichkraut, Tausendblatt und Hahnenfußgewächse.

4. Hellsee, Obersee und Krumme Lanke

Direkt an der Autobahn Prenzlau-Berlin, Abfahrt Lanke, konzentrieren sich die "tauchwürdigen" Seen. Wenn Sie vom "Highway" kommen, durchfahren Sie zunächst das Dorf Lanke und erreichen das südöstlich gelegene Schmuckstück der Gegend, den Hellsee. Auch dieser See gehört zum Wandlitz-Biesenthal-Prendener Seengebiet und zeichnet sich durch angenehme Sichtweiten aus.

Der Hellsee ist von einem Schilf- und Seggengürtel umstanden, an mehreren Stellen haben sich Bäume ins oder schräg über's Wasser gelegt. Zum Teil sind die in die Waagerechte geratenen Riesen am Ufer noch fest verwurzelt und grün. Unter diesen Bäumen steht gern der Hecht. Außerdem ist der Hellsee außerordentlich reich an Zandern, Karpfen, Güstern, Bleien, Barschen und Plötzen.

Beim Tauchen werden Sie entdecken, daß der Hellsee nur teils schlammigen Grund, jedoch weithin auch sandige Flächen als Seeboden hat. Vor allem dort, wo schlammig-sedimentreicher Boden bis ins Flachwasser reicht, ja bis unter überhängende Schilfwurzelballen oder in den Schatten veralgter Tothölzer, finden Sie den Charakterfisch des Hellsees - den Wels. Im Hellsee können Sie noch Riesen von zwei bis drei Metern Länge antreffen, jedoch ist dieser Anblick nichts für zart besaitete Taucher(innen).

Der gefräßige Räuber Wels stellt allem Lebendigen nach, nimmt die winzige Schnecke vom Grund ebenso wie Fische oder mal eine Wildente von der Oberfläche. Der schmutziggraue bis dunkelgrün gefärbte Fisch ist trotz seiner Größe nicht leicht zu entdecken; einerlei, ob er am oder im Bodensediment liegt oder im Schatten ins Wasser gestürzter Bäume auch einmal senkrecht im Geäst hängt. Trotzdem der Wels

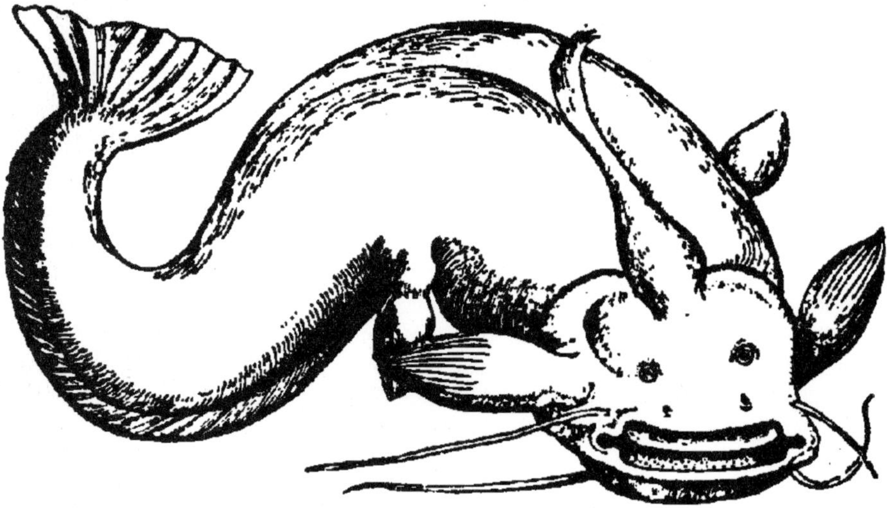

Wels (Holzschnitt von Konrad Gesner, Historia animalium, Basel 1551/58).

oder Waller als furchtbar stark und raubgierig gilt, ist über Unfälle mit Tauchern nichts bekannt geworden.

Die größte Gefahr geht wohl weniger davon aus, daß der Wels einen Taucher als Beute ansieht. Viel eher ist es möglich, daß das Tier am Tage durch taucherische oder fotografische Aktivitäten aus seinem Ruheplatz "gestänkert" wird. Der riesige

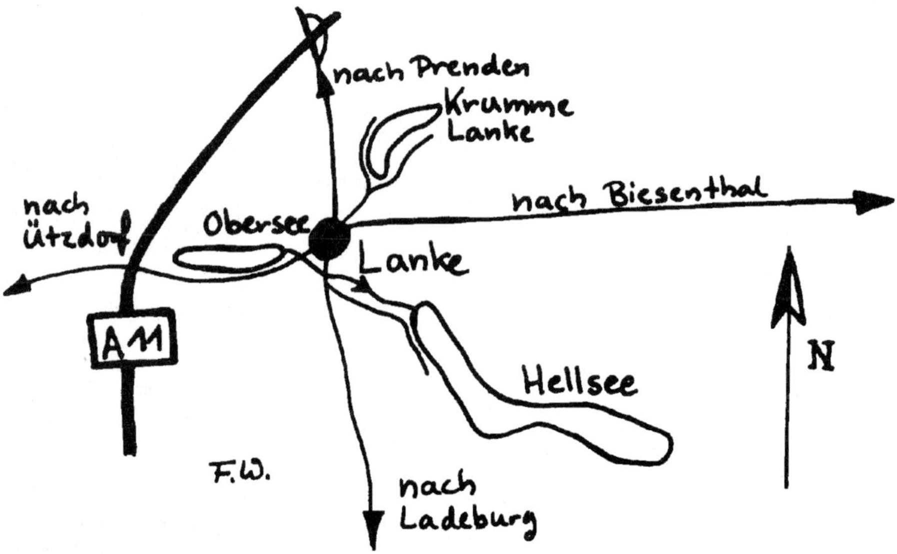

Fisch sieht - entsprechend seinem Leben am sedimentreichen Grund - sehr schlecht und kann beim “Durchstarten” schon einmal einen harten Rammstoß versetzen, so daß schreckhaften Leuten “die Luft wegbleibt”.

Welse verlassen in der Dämmerung ihr Versteck und ziehen auf Raub aus. Trotzdem sie dann über den Grund schwimmen, ist Nachttauchen “auf Wels” auch nicht unbedingt erfolgreich. Der Waller ist dann aktiv und unruhig, seinen Weg begleitet eine Bahn aufgewirbelten Drecks. Fotovorhaben “auf Wels” sind deshalb mit der gebührenden Umsicht für den Tag anzuraten.

Im Nordwesten ist der Hellsee über den mit Schlauchbooten durchaus befahrbaren Oberseegraben mit dem Obersee verbunden. Dieser See - fast in Ortslage von Lanke - reicht beinahe bis unter die Autobahn. Auch im Obersee sind Welse zu finden, die im Gewirrr von gestürzten Bäumen und zahlreichen Wasserpflanzen am Südufer gute Unterstände haben. Hier ist jedoch oft die Horizontalsicht deutlich schlechter. Wer einmal in der Gegend ist, sollte vielleicht vorsorglich zuerst den aktuellen Zustand der drei anliegenden Seen Hellsee, Obersee und Krumme Lanke begutachten.

Die Krumme Lanke liegt nordöstlich vom Dorf Lanke und ist mal glasklar und mal trüb-grün von pflanzlichem Plankton. Hier können Sie insbesondere eine ausgeprägte Vielfalt von Muscheln und Schnecken sehen, überdies zahlreiche Amerikanische Flußkrebse verschiedener Größe. Die Flußkrebse müssen sich in der Krummen Lanke recht gut vermehren können; das Vorhandensein aller Altersklassen von Krebsen fällt richtig auf. In vielen anderen Seen sehen Sie dagegen nur erwachsene Tiere und äußerst selten einmal Jungtiere. Rund um die Krumme Lanke lassen sich herrliche Stilleben und Spiegelungen fotografieren, sei es mit dem bis dicht an das Gewässer heranwachsenden Wald oder den Binsen und Wasserschwertlilien, die zwischen weiß gewordenen Althölzern aufragen.

5. Der Große Wukensee

Der nächste See unseres Halbkreises östlich von Berlin ist der Große Wukensee bei Biesenthal. Eigentlich ist dieses Gewässer recht trübe, was von einem heftigen Badebetrieb auf der Ostseite herrührt. Der Fischbestand bietet auch keine Besonderheiten.

Dennoch lohnt hier ein Taucheinstieg, vor allem auf der dem offiziellen Badestrand mit Steg und Turm abgewandten Seite. Vorsorglich sollten Sie gleich eine Makrokamera mithaben oder die Vorsatzlinsen montieren. Mit größter Aufmerksamkeit - und bei weitem nicht bei jedem Tauchgang - vermögen Sie im Großen Wukensee die außerordentlich seltenen Süßwassergarnelen zu entdecken. Bei die-

Seite 17 oben: **“Amerikaner” in der Krummen Lanke.**
Seite 17 unten: **Der Große Wukensee. (Fotos: F. Wieland)**

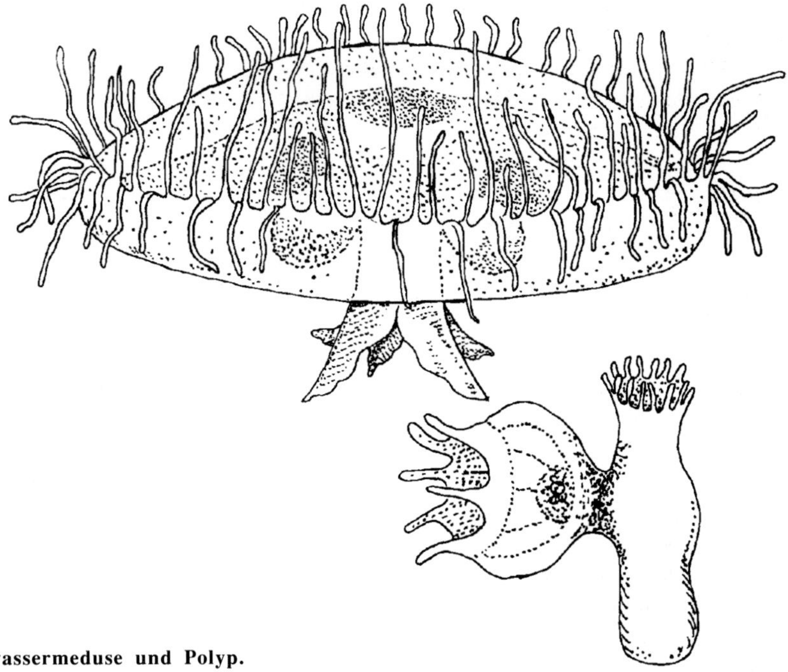

Süßwassermeduse und Polyp.

sem Tier handelt es sich um einen Fremdling, der aus Binnengewässern des Mittelmeerraumes eingewandert ist beziehungsweise eher eingeschleppt wurde.

Die nur drei Zentimeter großen Tiere tragen weiße, gelbe und rotbraune Pünktchen auf einem beinahe transparenten Körper. Die kleinen Süßwassergarnelen sind nur schwer zu entdecken, beste Chancen bestehen in der Dämmerung und nachts. Dann weiden die winzigen Garnelen Algenbeläge von Wasserpflanzen ab.

Der nach außen hin als kein "besonderer See" erscheinende Wukensee birgt noch eine weitere Rarität. Ganz selten einmal sieht man im Wukensee die höchstens zwei Zentimeter großen farblosen Süßwassermedusen, die sich wie die von der Ostsee her bekannten Ohrenquallen durch das Freiwasser bewegen. Allerdings ist das keine Erscheinung von Dauer, weil diese Medusenart lediglich einen ständigen Wechsel zwischen einer fest am Grunde haftenden Polypengeneration (nur zwei Millimeter hoch!) und einer schwimmfähigen Medusengeneration durchläuft. Eine Süßwassermeduse zu sehen ist ein glücklicher Zufall, der auch dem aufmerksamen Beobachter in mehreren Jahren nur einmal widerfährt. Meist hat man dann, wie es der Teufel will, gerade ein Ultraweitwinkel mit Domescheibe vor der Kamera. Der Große Wukensee wird ab etwa 8 Metern Tiefe ganz und gar trübe, bei 12 Metern Tiefe erreichen Sie den völlig verschlammten Grund.

6. Der Lange See im Gamengrund

Vom Berliner Autobahnring erreichen Sie über die Abfahrt Blumberg die Bundesstraße 158. Auf dieser können Sie bis Leuenburg fahren, um nach dem Ortseingangsschild hart rechts abzubiegen und zwischen einigen bäuerlichen Wirtschaftsgebäuden hindurch einen Waldweg abwärts zur Badestelle am Langen See zu finden. Etwa 300 Meter vor dem Wasser wird die Zufahrt zum Landschaftsschutzgebiet Gamengrund durch eine Schranke gesperrt. Bitte lassen Sie dort Ihren Wagen stehen, der Fußmarsch mit Ausrüstung zum Langen See ist akzeptabel.

Der Lange See ist der oberste See der Seenkette im Gamengrund, die durch ein winziges Fließ miteinander verbunden sind. Das Wasser dieser malerischen - auch zum Wandern sehr geeigneten Seenkette - fließt dann weiter gen Süden zum Fängersee und Bötzsee bei Strausberg.

Die beste Tauchzeit im Langen See ist das zeitige Frühjahr. Neben gewaltigen Hechten, Schleien und Aalen finden sie Rotfedern, Güstern, Kaulbarsche, Barsche und Plötzen. Außerdem laichen bald nach Eisaufbruch Teichmolche im Langen See. Im Gewässer ist nur eine maximale Tauchtiefe von etwa sieben Metern zu erreichen. Dafür sind die Uferbänke über die Maßen reich mit einer Vielfalt von Wasserpflanzen bestanden.

Wenn Sie auf vielleicht nur zwei bis drei Metern Tiefe die Ufer des Langen Sees abtauchen, können Sie Urwälder von Wasserpest, Ährigem - und Quirltausendblatt, Großem Nixkraut, Starrem Hahnenfuß und den verschiedensten Laichkräutern bewundern. Selbst Quellmoos und Rauhes Hornkraut, ja sogar einige wenige Krebsscheren wachsen in diesem See. Die Bestände an Gelben Teichrosen (auch Große Mummel) und Weißen Seerosen sind spärlich.

Fotografen, die Pflanzenarten dokumentarisch oder künstlerisch-kreativ ablichten wollen, werden den Langen See schätzen lernen.

Die in südlicher Richtung anschließenden Seen, Mittelsee und Gamensee, sind ebenfalls als Tauchgewässer geeignet, haben jedoch oft geringere Sichtweiten. Hier empfiehlt sich erst eine Erkundungsrunde mit ABC-Gerät, um zu sehen, ob ein "richtiger" Tauchgang lohnt.

Zu den Seentypen Mitteleuropas

Unter den Binnenseen unserer gemäßigten Klimazone unterscheidet man zwei Haupttypen, den oligotrophen (nährstoffarmen) und den eutrophen (nährstoff-

Seite 20 oben: **Das herrliche Wandergebiet Gamengrund. (Foto: F. Wieland)**
Seite 20 unten: **Teilansicht des Langen Sees im Gamengrund. (Foto: S. Reul)**
Seite 21 oben: **Fotomotiv Großlaichkräuter. (Foto: F. Wieland)**
Seite 21 unten: **Filtrierende Teichmuschel. (Foto: S. Reul)**

reichen) See. Diese Unterteilung ist jedoch eine grobe und grundsätzliche Zuordnung, die eigentlich nur Anfangs- und Endpunkt der Entwicklung eines Sees berücksichtigt. Zahlreiche Besonderheiten wie zum Beispiel huminsaure Seen mit gelbbraunem Klarwasser, kalziumreiche nährstoffarme Seen der Kalkgebirge oder die tongetrübten mesotrophen Seen sind in der groben Einteilung zwar zuzuordnen, aber nicht ihrem speziellem Charakter entsprechend beschrieben.

Oligotrophe oder nährstoffarme Seen sind zumeist tiefe Becken mit einer schmalen Uferbank, die nur spärliche Röhrichtsäume und Schwimmblattpflanzenfelder gestattet. Das Wasser ist klar, blau bis hellgrün, und enthält relativ wenig Plankton (Plankton - aus dem Griechischen: "das Schwebende", zum Beispiel Wasserflöhe und Blaualgen). Oligotrophe Seen haben im Idealfall sommers wie winters keine Sauerstoffschichtung in den verschiedenen Tiefen und weisen kaum Faulschlamm am Grunde auf.

Eutrophe oder nährstoffreiche Seen sind durch flache Becken mit breiter Uferbank gekennzeichnet, das Wasser ist nährstoffreich, es kommt zu Massenentwicklungen von Zoo- und Phytoplankton (tierischem und pflanzlichem Plankton). Das erste Daphnienaufkommen im April und Mai oder die sogenannte Wasserblüte durch Blaualgenmassenentwicklungen (zum Beispiel Microcystis) im Hochsommer sind von jedem aufmerksamen Beobachter zu verfolgen. Alle diese Organismen sterben irgendwann ab und sedimentieren, die Folge ist Faulschlammbildung am Seeboden und Sauerstoffmangel in den tiefsten Wasserschichten.

Als den idealen See zur Ausübung des Tauchsports könnte man das Gewässer ansehen, dessen Entwicklung auf "halben Wege" ist, den mesotrophen See. Diese Art See, die genau zwischen die beiden Haupttypen gehört, verfügt über beides: über ein so klares Wasser, daß Beobachtungen und Unterwasserfotografie in angenehmer Weise möglich sind, sowie über ausreichend Nährstoffe, um auch eine größtmögliche Artenvielfalt an Pflanzen und Tieren bereitzuhalten. Leider sind mesotrophe Klarwasserseen selten und in landwirtschaftlich genutzten Gebieten sehr gefährdet.

Neben der Betrachtung des Nährstoffgehaltes von Seen gibt es eine weitere Seentypeneinteilung, die unter fischereiwirtschaftlichen Gesichtspunkten betrachtet die Gewässer nach den Fischarten benennt, welche den jeweils bedeutendsten Ertrag bringen. Diese Klassifizierung dürfte für engagierte Sporttaucher recht interessant sein, weil hier die Eigenheiten jedes Sees hinsichtlich seiner morphologischen Struktur (Fläche, Form, Tiefe) und Höhenlage berücksichtigt sind.

Wozu das alles, wird sich mancher fragen? Anhand von Fangstatistiken, Sportfischerberichten und ähnlichem kann man so manches gute Tauchgewässer neu entdecken, sowie man ein gewisses "Feeling" für die Zusammenhänge zwischen Umgebung, Seenmorphologie, Unterwasserbewuchs und dominierenden Fischarten entwickelt hat. Natürlich ist auch die beste Theorie kein Garantieschein, einen Erkundungstauchgang braucht es allemal. Aber dazu muß ja erst der Tip, die Idee, die Anregung gegeben sein . . .

7. Der Straussee

Den Straussee erreichen Sie über die Autobahn A10, Abfahrt Berlin Hellersdorf, weiter nach Strausberg.

Der Straussee ist einer der merkwürdigsten Seen der Region. Das Becken des Sees reicht in über 30 Meter Tiefe hinab. Alljährlich hat das Eis auf dem See tückisch dünne Stellen, an denen man selbst in harten Wintern (wenn die Fähre nicht mehr verkehrt) einbrechen kann. Diese Stellen im Eis sind nur geringfügig dunkler als andere Bereiche, sie liegen über starken Quellen am Seeboden, die ein für winterliche Bedingungen relativ warmes Wasser schütten.

Am Südende des Sees befindet sich ein Sumpf, der schon mehrere Menschenleben gefordert hat, nahe dem sogenannten Postbruch. Das schmale Südbecken des Straussees ist auch der flachste Seeteil. Hier ruht ein meterdickes, grauschwarzes Sediment am Seeboden. In diesem Modder haben die Welse des Straussees ihren Ruheplatz.

Ein weiterer interessanter Tauchplatz ist das Ostufer des Sees, etwa von der Fähre (einzige Oberleitungsfähre Europas, 1894 gebaut!) bis zur Nordspitze des Sees. Dieses Seegebiet ist - vor allem in Ufernähe - die richtige Region für mittelalterliche bis neuzeitliche Funde. Über Jahrhunderte hinweg ist alles nicht mehr Benötigte in den See geworfen worden, wertvolle historische Kacheln und seltsam geformte Flaschen ruhen neben Waffen der letzten beiden Weltkriege und verrosteten Waschmaschinen. Die Grundbedeckung ist unmittelbar an der Stadt haldenartig-unübersichtlich, immer wieder findet man überraschende Gegenstände. In der bizarren Unterwasserlandschaft steht natürlich auch viel Fisch.

In der Nähe der Fähre soll es betauchbare Unterwasserruinen geben, in denen schon Taucher verschwunden sind und nie wieder gefunden werden konnten. Für solche Bauten gab es im Verlaufe der Stadtgeschichte zwei Möglichkeiten. Einmal könnten Geheimgänge und Räume des von 1247-1540 in Strausberg bestehenden Dominikanerklosters bis unter das Niveau des Seebodens gereicht haben. Das wäre nicht das einzige Beispiel klösterlicher Baukunst. Außerdem sollen im Zusammenhang mit der 1935 in Strausberg errichteten Munitionsfabrik hier auch weitere militärische Anlagen und Luftschutzbunker bestanden haben, deren Stollen eventuell bis unter den See gingen. Aus der Zeit des Klosters gibt es die Sage von der versunkenen Glocke im Straussee:

"Vor Jahren stand an der Klosterstraße ein Kloster. Jeden Tag läutete vom Turm der Klosterkirche eine große schwere Glocke mit Namen "Anne Susanne".

Als die Bewohner Strausbergs eines Tages erwachten, waren plötzlich über Nacht Kloster und Klosterkirche in den See versunken. Auch die schöne Glocke mit dem wundervollen Geläut lag nun tief unten auf dem Grunde des Sees.

Rechts oben: Eines der oft als "Koggen" titulierten Ruderboote. (Foto: F. Wieland)

Seitdem erschien in lauen Sommernächten, wenn sich der bleiche Mond in den dunklen Fluten des Wassers spiegelt, eine marmorne Treppe, die in die Tiefe des Sees zu dem versunkenen Kloster führt. Langsam schreitet eine weiße Frau mit weißer Schleppe Stufe um Stufe hinunter und verschwindet durch den Eingang zum Kloster in der Klosterkirche. Dumpf tönt dann von Grunde her der eherne Mund der Glocke, aber ihr Läuten klingt wie Weinen und Klagen."

Nach den Berichten einheimischer Taucher liegen auch "Koggen" im See. Koggen waren mittelalterliche hochseetüchtige Segelschiffe und dürften sich kaum in den Straussee verirrt haben. Dennoch ist etwas Wahres an den "Koggen" im Straussee. Einige Ruderkähne jener vornehmen Bauart, wie sie im vorigen Jahrhundert wohlsituierte Kavaliere bevorzugten, um ihre Angebetete über den See zu rudern, liegen als mehr oder weniger gut erhaltene Wracks im See. Boote dieser Art waren eigentümlich hochbordig gebaut und besaßen eine leicht erhöhte Bank mit Lehne und Armstützen für Damen im Heck. Der Linienriß dieser Nußschalen mag einen ironisch-phantasievollen Betrachter an Koggen erinnern.

Die Tauchplätze unmittelbar am Stadtufer sind nur schlecht zu erreichen, da man mit dem Auto nur an der Fähre, dem Fischerkietz und im Bereich des Stadtparkes in Wassernähe kommt.

Wesentlich leichter gestalten sich Einstiege am Südwestufer des Sees, wo eine Fahrstraße nahe ans Wasser heranführt und wegen eines vielbesuchten Badestrandes auch gute Parkmöglichkeiten bestehen. Hier finden sich, vor allem am nördlichen Ende dieses Badestrandes, steil abfallende, bisweilen steinige, in Ufernähe auch pflanzenreiche Partien. Dieser Tauchplatz ist vor allem für nächtliche Fischbeobachtungen gut geeignet.

Mit Fragen zur Gegend können Sie sich gern an das Tauchstudio Scheffel in Strausberg wenden. Zu bestimmten Jahreszeiten sind auch der Ihlandsee und der Bötzsee bei Strausberg schöne Tauchgewässer.

8. Der Schermützelsee bei Buckow/Mark

Einer der schönstgelegenen Seen der Märkischen Schweiz ist der Schermützelsee bei Buckow. Theodor Fontane schreibt zu dieser Landschaft:

"Buckow hat einen guten Klang hierlands, ähnlich wie Freienwalde, und bei bloßer Nennung des Namens steigen freundliche Landschaftsbilder auf: Berg und See, Tannenabhänge und Laubholzschluchten, Quellen, die über Kiesel plätschern, und Birken, die, vom Winde halb entwurzelt, ihre langen Zweige bis in den Waldbach niedertauchen."

Der Schermützelsee ist ringsum mit einem Schilfsaum geschmückt und im flachen Wasser finden sich mancherlei Laichkraut- und Tausendblattarten. Die besten Einstiegstellen befinden sich direkt vor Buckow sowie am Ostufer des südlichen Seezipfels, an anderen Stellen ist schlecht heranfahren und sollte auch mit Rücksicht auf die Pflanzen nicht eingestiegen werden.

Der Schermützelsee ist besonders reich an Aalen, jedoch lassen sich auch kapitale Bleie und Schleien beobachten. Plötzen sind fast allgegenwärtig, Hecht, Barsch und Zander vorhanden. In größeren Tiefen befindet sich nur noch ein Faulschlammboden, der keine interessanten Entdeckungen verheißt. Es werden im zentralen Seeteil über 20 Meter Tiefe erreicht.

Besonders interessant ist ein Seegebiet, über das Theodor Fontane einen alten Fischer berichten läßt:

" Dort unten liegt die alte Stadt. Drüben am andern Ufer, wo Sie die spiegelglatte Stelle sehen, dort hat Alt-Buckow gestanden. Wir kennen die Stelle ganz genau. Von dem Eck dort, wo die Binsen hundert Schritt weit in den See hineingehen, bis hier gradüber von uns, wo die Weiden ins Wasser hängen - so weit

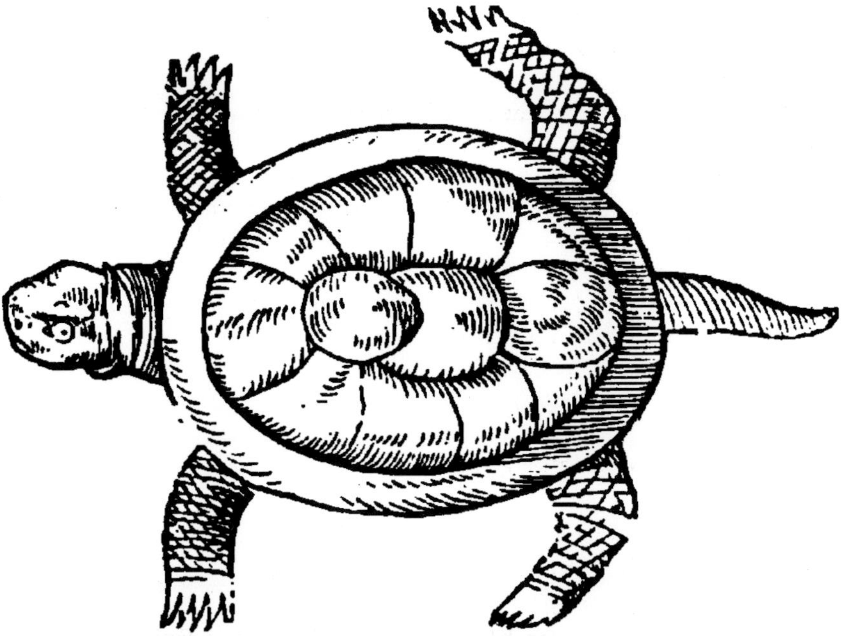

Europäische Sumpfschildkröte. (Holzschnitt von Konrad Gesner, Historia animalium, Basel 1551 / 58)

ging die Stadt. Ich spreche nicht von Glocken, die bei Sonnenuntergang klingen, Alt-Buckow hatte schwerlich Glocken, aber das müssen Sie schon glauben, daß wir an klaren Tagen zehn Fuß tief unterm Spiegel allerhand Pfahlwerk stehen sehn, Blockhäuser vielleicht, jedenfalls Zaun und Steg, und mancher unter uns hat etwas von dem Pfahlwerk herausgeholt und ihm einen guten Platz im Hausflur gegeben. Wir denken, es ist ein Segen dabei."

Wie heute bekannt ist, kann man von einer Stadt nicht reden, aber eine slawische Siedlung befand sich tatsächlich einstmals an einer Stelle des heutigen Seebodens. Daß früher die Fischer hölzerne Pfähle mit ihren Netzen nach oben geholt haben, ist sehr wahrscheinlich. Heute ist die alte Fundstelle im ehemaligen Siedlungsbereich in der Südbucht völlig beräumt. Nur bisweilen findet einmal ein Taucher noch eine Keramikscherbe aus vorgeschichtlicher Zeit.

9. Der Störitzsee bei Erkner

Beinahe kreisrund präsentiert sich der Störitzsee, ein typischer märkischer Waldsee mit einer breiten Flachwasserzone. Das Gewässer liegt inmitten eines Erho-

lungskomplexes aus Ferienlagern und Zeltplätzen und dürfte nur außerhalb der Badesaison ein Tauchtip sein.

Die Sichtweiten sind auch im Frühjahr und Herbst nicht überragend in dem bis sechs Meter tiefen See, dafür bietet er dem Makrofotografen allerhand. Vom Amerikanischen Flußkrebs über Teichmuscheln von beträchtlicher Größe bis hin zu Sumpfdeckelschnecken und den hier lebenden und ablaichenden Wasserfröschen sind zahlreiche Beobachtungen möglich. Das Dickicht aus Tausendblatt, Wasserpest, Wasserknöterich, Starrem Hahnefuß und Hornkraut, welches sich vor der Schilfzone hinzieht, ist Lebensraum von zahlreichen Wasserinsekten und deren Larven. Liebhaber von Nahaufnahmen sollten ihre ganze Auswahl von Makroobjektiven, diversen Tuben, Automatikzwischenringen, Vorsatzachromaten und ähnlichem mitnehmen.

Schilfsaum und Wasserpflanzenbestände sind das interessante an diesem See, außerhalb der bewachsenen Zone ist der Seeboden nur noch von Faulschlamm bedeckt. Dort treffen Sie urtümliche Riesen von Bleien und Karpfen.

Oben:	**Romantisches Tauchen im Schermützelsee.**
Rechts oben:	**Der Grubensee mit Insel.**
Rechts unten:	**Der scheue, übervorsichtige Döbel. (Fotos: F. Wieland)**

Sie erreichen den Störitzsee, indem Sie die Autobahn A10 an der Abfahrtsstelle Berlin - Köpenick verlassen und Richtung Grünheide weiterfahren. Etwa auf halbem Wege zwischen Grünheide und Spreeau ist in östlicher Richtung der Fahrweg zum Störitzsee ausgeschildert.

10. Grubensee und Springsee

Von der Autobahn A13 Dresden-Berlin bei Halbe/Teupitz in Richtung Märkisch Buchholz abfahrend, erreichen Sie über Nebenstraßen zwischen Kehrigk und Limsdorf ein malerisches Waldgebiet mit zahlreichen kleinen Seen. Wer sich die Mühe macht, nach Meßtischblättern oder Wanderkarten die vielen Gewässer aufzusuchen und zu begutachten, kann sicher noch manche angenehme Entdeckung machen. Es soll nicht unerwähnt bleiben, daß in der Märkischen Schweiz auch noch Europäische Sumpfschildkröten leben.

Die um 20 Zentimeter großen Tiere mit dem für Schildkröten auffallend langen Schwanz sind sehr scheu und können beim Tauchen kaum beobachtet werden. Viel größer sind die Chancen, an Gewässern mit sumpfigen Buchten einmal so ein Tier per Fernglas zu "belauschen". Aus Naturschutzgründen kann hier kein konkretes "Schildkröten"-Gewässer genannt werden, dem Naturfreund seien äußerste Aufmerksamkeit und stilles Hantieren am Wasser empfohlen. An dieser Stelle sollen nur wenige ausgewählte, als Anregung gedachte Seen vorgestellt werden.

Der Grubensee südwestlich von Limsdorf ist der Quellsee eines winzigen Wasserlaufes, der über Melangsee, Spring-

Kalmus.

see und die Glubigseen gen Scharmützelsee fließt. Bitte fahren Sie nicht bis ans Wasser, die Ausrüstung kann problemlos auf dem offiziellen Parkplatz angelegt werden.

Die größte Tiefe des Grubensees wird hart am Ostrand der Insel bei 25 Metern erreicht. Wenn an einer der sandigen Badestellen eingestiegen wird, fliehen zahlreiche winzige Weißfische in hellen Schwärmen ins Schilf. Die Schilfzone des klaren Sees ist besonders interessant. Da ragen große filtrierende Teichmuscheln aus dem Untergrund, haften bizarre Süßwasserschwämme an dicken Schilfstengeln, verbergen sich Jungbarsche und Amerikanische Flußkrebse hinter imposanten Kalmus-Wurzelballen. Der aromatisch duftende Kalmus steht wie selbstverständlich mit im Röhricht, ist aber eigentlich keine einheimische Pflanze. Er wurde bereits im 18. Jahrhundert aus Ostasien eingeführt. Der Grubensee ist ein Klarwassersee, und damit auch ein See der großen Hechte. Die gewaltigen Räuber stehen oft in nur hüfttiefem Wasser im Röhricht, nutzen aber auch gewaltige freistehende Hornkrautbänke als Tarnung.

Auch die Pflanzenwelt des Grubensees ist artenreich, im Anschluß an den Sandgrund des Flachwassers wird der Seeboden bis in acht oder zehn Meter Tiefe grün, regelrecht überladen mit Zwergbinsen, Laichkräutern, Tausendblatt, Wasserpest und den gewunden-zähen Stengeln der Seerosen. Nahezu überall liegen auf Pflanzenpolstern noch die langen Ranken des fleischfressenden Wasserschlauchs.

Sehr zu empfehlen ist das Nachttauchen. Phantastisch, wie weit in diesem See der Lichtkegel von Handlampen und Pilotleuchten trägt, welche aufregenden Schatten die interessant strukturierten Pflanzenbestände werfen! Nachttauchgänge garantieren im Grubensee beinahe für Begegnungen mit riesigen, armstarken Aalen. Hier ist Gelegenheit, eine Nahaufnahme des räuberischen und scheuen Gesellen zu schießen. Nebenbei sieht man aber auch ausgewachsene Plötzen, vorsichtige Schleien und überaus feige Döbel aus nächster Nähe. Mit etwas Glück kommt man an die nachts oft tief im Kraut verborgenen Rotfedern oder die flinken, im Sand wohnenden Steinbeißer ganz nah heran, sei es zur Beobachtung oder für ein Porträtfoto.

Der etwas westlich liegende Melangsee ist flach und zum Tauchen wenig geeignet.

Der nächstfolgende See am Mühlenbach heißt Springsee. Dieser See erreicht im Südteil bis 27 Meter, im Nordteil nur etwa 15 Meter Tiefe. Der Springsee erhielt seinen Namen von zahlreichen Quellen, die in den See schütten. Vor allem eine dieser Quellen, die etwa auf halber Länge des Sees am Ostufer entspringt - inmitten des hiesigen Zeltplatzes - fällt durch starke Schüttung und eisenhaltiges Wasser auf. Die Grundbedeckung direkt vor der Einmündung des Quellbaches in den See besteht aus rostbraunen Eisenausfällungen und ist sehr leicht aufzurühren.

See-Strandling.

Nördlich der Quelle befindet sich das beste Tauchgebiet, eine herrliche Röhrichtzone sowie ein ausgedehntes Hornkrautfeld ziehen sich hin bis zum Kanal Richtung Glubigseen. Der Kanal ist reich an Seerosen. Im Pflanzenfeld des Nordbeckens lassen sich sehr schöne Fotos von im Biotop stehenden Einzelfischen gestalten. Der Fischbestand ähnelt dem des Grubensees, jedoch gibt es im Springsee zusätzlich Dreistachlige Stichlinge und Zander.

Tauchgänge im Springsee lohnen, jedoch muß man sich mit sehr wechselnden Horizontalsichten abfinden. Während im Frühjahr und Spätherbst schon einmal zehn Meter Sicht herrschen können, bringt es der See im Sommer kaum noch auf drei Meter. Der Springsee war schon klarer und das Nachlassen der Horizontalsicht ist sicherlich auf den seit vielen Jahren betriebenen großen Zeltplatz an seinem Ufer zurückzuführen.

11. Die Milaseen bei Kehrigk

Wenige Kilometer von Kehrigk, Richtung Limsdorf gesehen, liegen rechts ab beziehungsweise südlich der Landstraße die Milaseen im Wald. Wenn man dazu

keine Angabe findet, richte man sich einfach nach einem Schild, das die Einfahrt zu einem Ferienlager der Humboldt-Universität Berlin anzeigt - selbiges liegt nämlich am Großen Milasee!

Das Gelände des Ferienlagers darf nicht betreten werden, so daß nichts anderes übrig bleibt, als die Tauchausrüstung außen am Zaun entlang bis zum See zu tragen. Direkt heranfahren ist nicht möglich - sollte aber auch nicht versucht werden, denn die Milaseen stehen unter Naturschutz.

Insbesondere der Große Milasee ist einer der sehr wenigen nährstoffarmen Heideseen, in denen auf Sandgrund noch der seltene Strandling wächst. Im Großen Milasee sind weder weltbewegende Sichtweiten noch sensationelle Fischbeobachtungen zu erwarten, einzig eine ganz spärliche und höchst schutzwürdige Pflanzenwelt dürfte sachkundige Liebhaber anziehen.

Vor allem am Ende des Großen Milasees, wo über ein Moor eine für Taucher unpassierbare Verbindung zum Kleinen Milasee besteht, finden sich rare Wasserschlauchgesellschaften und ein überaus großer Reichtum an aquatisch lebenden Libellenlarven.

Oben: **Porträt eines Zanders am Nest. (Foto: F. Wieland)**

Ein Besuch am Großen Milasee, sei es mit Maske und Schnorchel oder mit Druckluftgerät, ist mehr etwas für Liebhaber mit speziellen Kenntnissen und Interessen. Der See eignet sich nicht für das Erlebnistauchen von großen Gruppen oder Tauchclubs. Vor der aufwendigen Schlepperei der Gerätschaften ans Wasser sollte ein Erkundungsspaziergang stattfinden, um Sinn oder Unsinn eines "richtigen" Taucheinstieges genau abzuwägen.

12. Die Tonseen bei Körbiskrug

Östlich der Straße von Märkisch Buchholz nach Körbiskrug liegen die beiden durch ein winziges Kanälchen verbundenen Seen im Wald. Sie entstanden einst durch den Abbau reicher Tonvorkommen für die Ziegelindustrie.

Die beiden Tonseen sind von einem schmalen Schilfgürtel sowie Kiefern- und Mischwald umgeben. Ihre Ufer fallen steil ab, der größere See ist 20 Meter, der kleinere 14 Meter tief. Die beiden Tonseen sind recht klar und können auch im Hochsommer 5 Meter Horizontalsicht bieten. Der Grund der Gewässer ist teils schlammig, teils liegt noch weißer Ton frei.

In den durchlichteten Uferregionen wachsen verschiedene Laichkräuter, Ähriges Tausendblatt und Hornkraut, etwas tiefer schließen sich kleine Characeenflächen an. Hechte, Barsche, Plötzen und Rotfedern halten sich häufig im Kraut auf, an der Grenze des Pflanzenwuchses zum Freiwasser ziehen oft kleine Schwärme von Ukeleien dahin. In tieferen Regionen, wo die Characeenflächen an Flaulschlamm und Organomudd grenzen, leben Bleie, Karpfen und Karauschen. Nur selten werden kapitale Aale beobachtet.

Die Anfahrt zu den malerischen Seen ist nur über Forst- und Feldwege möglich; bitte beachten Sie eventuelle Waldbrandwarnstufen. Am einfachsten sind Taucheinstiege vom Campingplatz aus zu realisieren.

13. Der Tonsee bei Klein Köris

Von der Autobahnabfahrt "Groß Köris" (Autobahn A13 Dresden-Berlin) erreichen Sie das Dörfchen Klein Köris.

Der Tonsee entstand, wie der Name sagt, aus einer alten Tongrube. Er ist ringsum von Kiefernwald umgeben. Der See unterteilt sich in zwei Becken, in der Mitte ragt eine malerische bewaldete Landzunge weit ins Wasser hinein. Der Uferabfall des Gewässers ist sehr steil, dennoch hat sich beinahe ringsum ein Schilfsaum ansiedeln können.

In wenigen Flachwassergebieten wachsen Tausendblatt, Hornkraut, Kanadische Wasserpest und verschiedene Laichkräuter. Vor allem die sonnige Bucht im

Osten offeriert großflächige Pflanzenteppiche. Am Westufer der Nordhälfte des Tonsees liegen allerhand versunkene Bäume im Wasser, der Südteil des Sees soll dagegen noch Ruinen aus der Bergbauzeit enthalten.

Flußbarsche, Plötzen und Rotfedern sind vor allem im Schilfgürtel häufig. Typisch für die tiefen Regionen des Tonsees sind riesige Bleie, die in kleinen Gruppen nach Nahrung wühlen. Karpfen, Aal und Hecht lassen sich selbstverständlich auch beobachten. Außerdem beherbergt der Tonsee Kaulbarsch und Schlammpeitzger sowie gewaltige Teichmuscheln. Letztere stecken insbesondere in den wenigen sandigen Bodenpartien. Zahlreiche Schilfhalme und Althölzer sind von kastaniengroßen bis faustgroßen Bällchen umschlossen und sehen etwas futuristisch aus. Die hellgrünen Gebilde sind Wimperntierchenkolonien, die offensichtlich im Flachwasserbereich des Tonsees ein gutes Auskommen haben.

Das nördliche, etwas tiefere Becken des Tonsees dient gelegentlich als Austragungsort für Wettkämpfe im Orientierungstauchen. Der Tonsee bietet im zeitigen Frühjahr noch vor der Badesaison die besten Sichtweiten.

In diesem Seengebiet rund um Klein Köris und Teupitz gibt es eine Vielzahl geeigneter Tauchgewässer, die nicht im einzelnen beschrieben werden können. Sehr empfehlenswert sind der Teupitzer See, der Karbuschsee und eigene Erkundungen.

II Das Oderland

Zwischen Bad Freienwalde und Guben

Das Fontanesche Oderland zieht sich von Frankfurt/Oder am gleichnamigen Fluß über Schwedt bis Stettin am Oderhaff. Ein wenig der Lage der hiesigen Tauchgebiete folgend, soll dieses Gebiet nach Süden ausgeweitet bis Eisenhüttenstadt und Guben betrachtet werden. Es ist freilich schwierig und nur ein Versuch, das Oderland als nordöstlichsten Teil der neuen Bundesländer korrekt gegen die südlichen Teile der Uckermark und die Fluren der Mark Brandenburg abzugrenzen. Vielleicht nur, um den Gedanken eine Richtung zu geben, ein Gebiet ungefähr zu lokalisieren, permanentes Wälzen von Kartenwerken vermeidend.

In Bad Freienwalde finden Sie in einer ständigen Ausstellung allerhand Wissenswertes über die Kulturgeschichte und Volkskunde des Oderbruches. Interessant ist vor allem der ständige Kampf der hiesigen Bevölkerung mit den Naturgewalten Wasser und Sumpf, die über Jahrhunderte zur schrittweisen Trockenlegung, Urbarmachung und Besiedelung des urwaldartigen Oderbruches führten. Die Exponate aus der frühen Germanenzeit haben ebensolchen Schauwert wie die historischen Fanggerätschaften der Oderfischer.

Im Rathsdorfer Ortsteil Altgaul können Sie eine interessante Lehrschau über den Weißstorch bewundern, der in dieser Gegend häufig ist.

Bedeutende Kulturstätten in Frankfurt an der Oder sind vor allem das Geschichtsmuseum "Viadrina" und die Forschungs- und Gedenkstätte für Heinrich von Kleist. Der bemerkenswerte Dramatiker und Erzähler zwischen Klassik und Romantik wurde im Laufe der Zeit in 30 Sprachen übersetzt. Ein kurzweilig Lesen bei Kleist ist auch heute noch ein geistiger und sprachlicher Gewinn. Der Dichter des "Michael Kohlhaas" war schon zu Lebzeiten eine umstrittene Figur. Johann Wolfgang Goethe mochte ihn gar nicht, fand ihn sogar abscheulich. Kleist legte keinerlei Wert auf seinen Adelstitel und war aus der Preußischen Armee ausgetreten. Aus diesem Grunde begegnete ihm auch der König sehr unfreundlich. Kleists Zeilen " ...wenn er meiner nicht bedarf, so bedarf ich seiner noch weit weniger. Denn mir möchte es nicht schwer werden, einen anderen König zu finden, ihm aber, sich andere Untertanen aufzusuchen." werfen ein bezeichnendes Licht auf seine Geisteshaltung. Was heute kaum noch bekannt ist: Kleist war "nebenbei" auch einer der ersten deutschen Journalisten und führte eine ebenso treffliche wie schlagfertige Feder.

In der Stadt Guben ist vor allem der Besuch der "Sprucker Mühle" zu empfehlen. Neben den Anlagen der erhalten gebliebenen historischen Wassermühle wird die Geschichte der Besiedelung des Gubener Landstriches verdeutlicht.

Das Oderland ist gar reich an Wasser, nehme man nur die gewaltige Oder als schiffbaren Strom mit all ihren Altarmen und ihren zahllosen verästelten Kanälchen in den verschiedenen Bruchlandschaften. Aber Tauchgewässer?

1. Der Baa-See

Etwa vier Kilometer südlich von Bad Freienwalde liegt, von buchenbewachsenen Höhen umgeben, der kleine Baa-See. Auch Fontane recherchierte in dieser Gegend. Jedoch muß ihm die Anmut zweier Mädchen, die ihn zum See führten, mehr zugesagt haben als das Gewässer. Nachdem er sich eine Seite lang über die Mädchen und ihren Gang, die ungezwungene Koketterie der Jugend und ähnliches verbreitet hat, schreibt er lakonisch zum Baa-See: "Was den Baa-See zu keiner tieferen Wirkung kommen läßt, ist wohl das, daß er jener Mischgattung von Seen angehört, die zu finster sind, um zu erheitern, und doch wieder zu heiter, um den vollen Eindruck des Schauerlichen zu machen. Viel freilich hängt dabei von der Beleuchtung und noch mehr vielleicht von der Jahreszeit ab."

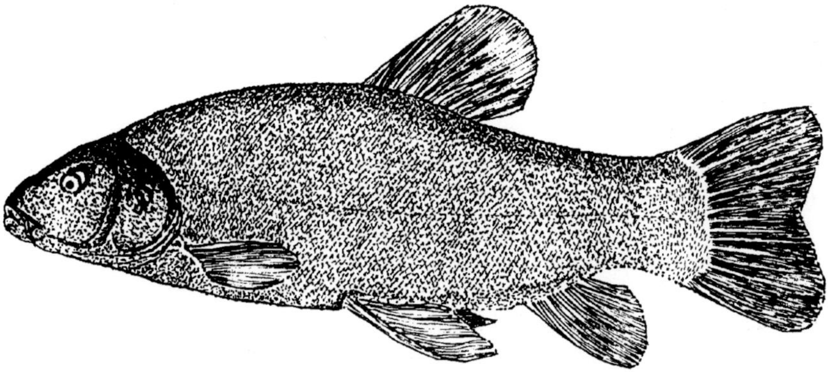

Die Schleie.

Der sogenannte See ist für den Taucher mehr ein Weiher. Über drei Meter geht es nirgends hinab, der Grund ist hindernisreich durch hochgewachsene Wasserpflanzen und zahlreiches Geäst. Wohl finden sich auch Aal, Hecht und Barsch, aber vor allem sind hier Porträts großer "Friedfische" machbar. Getarnt durch nicht zu weitsichtiges Wasser und das Kraut kann man sich mit "schußbereiter" Kamera recht gut an größere Plötzen, Schleien und Karpfen anpirschen.

Der Baa-See ist kein Tauchgewässer für große Gruppen. Der interessierte Unterwasserfotograf sollte es verstehen, sich gütlich mit den am Baa-See zahlreichen Anglern zu einigen.

2. Katja- und Helenesee

Zwei der bekanntesten Tauchgewässer der neuen Bundesländer sind die mit einem Kanal verbundenen Seen Helene und Katja. Sie liegen nicht weit vom östlichen Ende der Autobahn Berlin - Frankfurt/Oder (A12). Im hydrologischen Sinne hängen diese Bergbaurestseen (ehemalige Braunkohlegruben) auch mit der Oder zusammen. Die mit um 80 Meter tiefsten Stellen (erste Sohle um 15 - 20 Meter, zweite Sohle um 45 Meter, dritte Sohle um 68 Meter) des Helenesees reichen bis in Grundwasserhorizonte, in denen man eine hydrologische Verbindung der Gewässersysteme Oder und Spree vermutet. Aus diesem Grunde füllte sich die Grube nach Ende des Kohleabbaus im Jahre 1958 relativ schnell mit klarem Grundwasser. Der Katjasee diente lange Zeit als Spülkippe für den Tagebau Helene und war durch einen Damm abgetrennt. Da man mit steigendem Wasserstand im Helenesee einen ruckartigen Dammbruch mit erheblichen Folgen für das Umland befürchten mußte, wurde der Damm weggespült und so per Kanalverbindung Helene und Katja auf einen einheitlichen Wasserstand gebracht.

Der 217 Hektar große Helenesee bietet zahlreiche Tauchplätze. Einer davon ist die sogenannte Taucherbucht am Weststrand. Unterhalb einer Bungalowsiedlung zieht sich ein schöner Sandstrand hin, das "andere" Ufer der Bucht gibt sich bewaldet bis zum Seglerhafen. In der Taucherbucht befindet sich in 8 Meter Tiefe unter einer gelben Boje eine große Ausbildungsplattform, eine kleine Blockhütte für Fotospäße und eine einfache Taucherglocke ohne Licht und Luftversorgung (Spülluftflasche mitnehmen!). Unterhalb des Waldes bis zum Seglerhafen und auch noch dahinter liegt ein gutes Revier für Hechtbetrachtungen, zwischen Laichkräutern und Wasserpest spielen Barschschwärme und Krebse.

Für das Tauchen in der Helene muß besonders vor senkrechten Wänden gewarnt werden. Solche Wände entstehen bisweilen durch Fließrutschungen. Sie bestehen aber nur aus Sand, Kies und Mergel und stürzen irgendwann auch wieder zusammen. Tauchen Sie niemals an oder unterhalb von senkrechten Wänden in ehemaligen Braunkohletagebauen, Sie spielen mit Ihrem Leben.

Ein weiterer schöner Tauchplatz im Helenesee ist die große Sandbank, die am Südufer in der Nähe des Wegekreuzes "Die Spinne" liegt. In einiger Entfernung von Ufer kann man hier noch einmal beinahe stehen. Die Untiefe ist sehr attraktiv bewachsen und bevorzugter Standort von riesigen Jungfischschwärmen.

Der Verbindungskanal zwischen Helene- und Katjasee ist bis in 6 oder 8 Meter Wassertiefe grün von Wasserpflanzen. Unterhalb einiger schütterer Schilfhalme wachsen fette Polster von Laichkräutern, Wasserpest, Tausendblatt und Hornkraut. Zahlreiche geflutete Bäume mit malerischen Algenbehängen bieten kapitalen Bleien Unterschlupf. In riesigen Beständen von "Flaschenbürsten", wie die Unterwasserform des Tannenwedels oft scherzhaft genannt wird, rekeln sich riesige Hechte. Gerade im Kanal sind Exemplare von über einem Meter Größe nicht selten.

Sollten Sie am liebsten mit der Makrooptik arbeiten, sind Sie ebenfalls im Kanal richtig. Während der fleischfressende Wasserschlauch beinahe allgegenwärtig ist, müssen Sie nach Kaulbarsch, Gründling und Steinbeißer schon während Nachttauchgängen suchen.

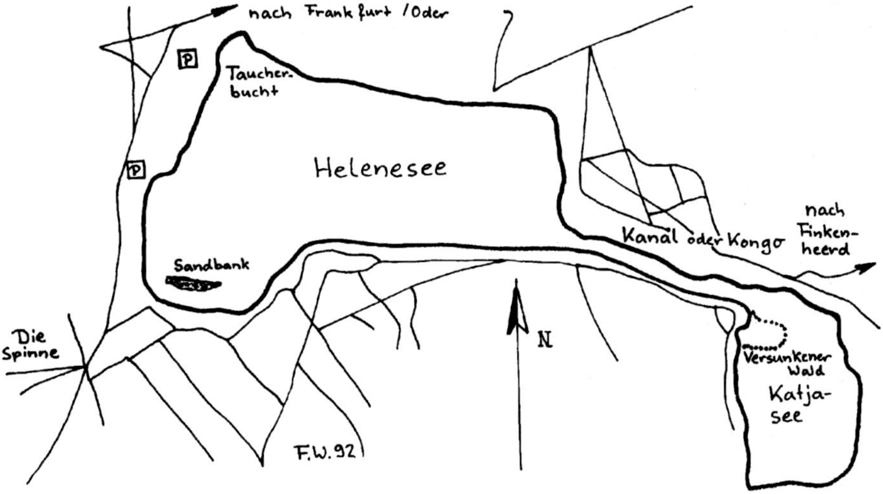

Ein weiterer phantastischer Tauchplatz ist der versunkene Wald am Westufer des Katjasees, gar nicht weit von der Kanalmündung. Der Wald ist durch einen Erdrutsch am ehemaligen Grubenrand in den See gelangt, viele Bäume stehen aufrecht wie an Land und ragen zum Teil aus dem Wasser. Der versunkene Wald zieht

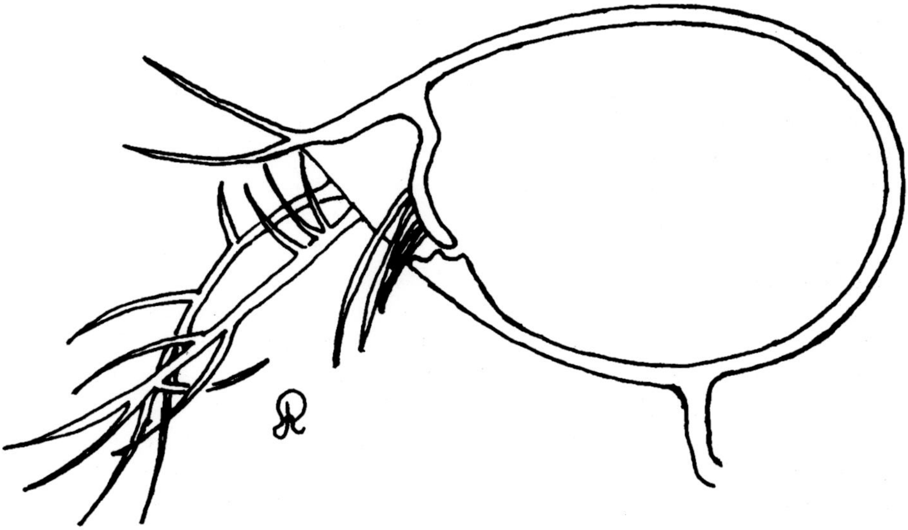

Fangblase (Utrikel) des fleischfressenden Wasserschlauches (nach Matthies 1980).

sich von knietiefem Wasser bis in etwa 12 Meter Tiefe, was schon beinahe der Maximaltiefe des Katjasees entspricht. Heute sind die Bäume mit Algen und Muscheln bewachsen und den Platz in den Zweigen haben die Fische eingenommen. Insbesondere Schulen von großen Barschen, oft nur 4-8 Tiere an der Zahl, fühlen sich im Wald wohl und foppen die Sporttaucher. Es ist manchmal, als wüßten die Fische, was sie mit einer kleinen Ortsveränderung dem Fotografen an Umwegen bereiten können, weil er sich nicht überall durch die Zweige winden kann. Der bizarre Unterwasserwald mit all seinen Schatten und wechselnden Lichtstimmungen ist das ideale Fotostudio für gestaltete Aufnahmen mit Sklavenblitzen.

In der Nähe des versunkenen Waldes ertranken vor wenigen Jahren aus nie ganz geklärter Ursache zwei tschechische Sporttaucher. Ihre Tauchkameraden setzten ihnen ein bleibendes Denkmal zwischen den Wasserpflanzen am Waldrand...

Leider sind die Forstwege zur Katja oft gesperrt, insbesondere im Sommer wegen der Waldbrandgefahr. Dann empfiehlt es sich, am Helenesee ein Ruderboot auszuleihen und Tauchfahrten zum Katjasee ohne Auto zu unternehmen.

Die Taucherzahlen je Wochenende an Helene- und Katjasee sind limitiert, bitte melden Sie sich bei einer der zwei Tauchbasen am Weststrand an.

3. Der Göhlensee

Die Stadt Guben liegt direkt an der polnischen Grenze. In dieser Gegend fungiert bereits die Neiße als das Grenzflüßchen, die Oder kommt erst weiter nördlich, zwischen Kosarzyn und Ratzdorf, ins Grenzgebiet. Wenn Sie Guben auf der Bundesstraße 112 gen Norden verlassen und bei Steinsdorf links abbiegen, erreichen Sie bald Göhlen. Von hier geht es über Feldwege bis unmittelbar an den Göhlensee.

Brauchbare Taucheinstiege befinden sich unterhalb der ausgedehnten Bungalowsiedlung auf der Ostseite des Sees beziehungsweise nahe eines vom See abgetrennten wassergefüllten Torfstiches. Der Göhlensee ist nicht über die Maßen durchsichtig, auch im Frühsommer werden kaum mehr als 4 Meter Horizontalsicht herrschen. Der Pflanzenbestand am vom Hochwald beschatteten Ufer ist nicht sehr reich, der Fischbestand normal zu nennen.

Bis auf eine Art! Denn in diesem Gewässer leben in reicher Zahl Sonnenbarsche. Auch dieser Fisch wurde zum Ende des vorigen Jahrhunderts aus Nordamerika eingeschleppt. Allerdings ist der Sonnenbarsch bei weitem nicht so verbreitet, wie es andere Fremdlinge (zum Beispiel Zwergwels) sind.

Seite 40: **Pflanzenparadies im Helene-Katja-Kanal.**
Seite 41 oben: **Die Taucherglocke im Helenesee.**
Seite 41 unten: **Sonnenbarsch im Göhlensee. (Fotos: F. Wieland)**

Der äußerst scheue Sonnenbarsch ist prächtig goldbraun bis oliv gefärbt, die Seiten sind mit unregelmäßigen welligen blaugrünen Linien geschmückt. Bauch und Brust sind orange, am seitlichen Kopfende, etwa auf Höhe der Augen, tragen Sonnenbarsche einen kräftigen schwarzroten Fleck.

Dem immer sorgsam auf Abstand bleibenden Fremdling kann man sich als Unterwasserfotograf beinahe nur zur Laichzeit im Mai und Juni nähern. Die Männchen bewachen dann die Laichgruben, die auf 0,5 - 3 Metern Tiefe liegen. Der schön gefärbte Sonnenbarsch hat dann seine "mutige Phase", er versucht sogar einen vergleichsweise riesigen Taucher zu beißen. Die stachligen Gesellen werden bei uns kaum über 20 Zentimeter groß.

4. Der Pinnower See

Noch etwas näher an Guben, etwa zwischen den kurz vor der Stadt zusammentreffenden Bundesstraßen 320 und 97, liegt der Pinnower See. Die Anfahrt erfolgt am besten über Pinnow bis zum Parkplatz am Zeltplatz.

Der Pinnower See am Rande der Lieberoser Heide ist ein recht klarer Quellsee mitten im Wald. Die Ufer sind von schmalen Schilfgürteln geschmückt, vor denen sich eine Krautzone anschließt. Neben Laichkräutern und Wasserpest wachsen hier auch Hornkraut und Quellmoos, was auf gute Wasserqualität hinweist.

Aal, Hecht, Barsch sind häufig, die Wasserpflanzenpolster verbergen oft Blei, Schleien, Karpfen und Rotfedern. Im mittleren Teil des Pinnower Sees sind bis zu 18 Meter Tiefe erreichbar, Ost- und Westbecken messen meist nur 6 bis 12 Meter in der Vertikalen.

III Rund um Potsdam

Die Stadt der Schlösser und Seen

Potsdam ist eine der wenigen Städte Ostdeutschlands, die man guten Gewissens als "Stadt der Gärten und Parks" apostrophieren kann. In den ausgedehnten Gartenanlagen zwischen Park Sanssouci, dem Rehgarten, dem Park Charlottenhof, dem Neuen Garten und vielen anderen speziell benannten und gestalteten Meisterwerken der Landschaftsarchitektur können Sie erholsame Stunden und Tage verbringen.

Malerisch in die Gehölze und Pflanzungen eingebettet, bieten sich eine Vielzahl von bemerkenswerten historischen Bauwerken, Museen und Schauplätzen jüngster deutscher Geschichte zur Besichtigung an. An erster Stelle ist hierbei natürlich das Schloß Sanssouci zu nennen, das 1745 bis 1747 als Sommersitz für Friedrich II. von Preußen erbaut wurde. Schloß Sanssouci gilt als der besterhaltenste und typischste Bau der Epoche des friderizianischen Rokoko. Ebenfalls im Park Sanssouci erhebt sich das Schloß Charlottenhof, ein klassizistischer Schinkelscher Bau für den späteren König Friedrich Wilhelm IV. Hier sind insbesondere Gemälde von Caspar David Friedrich, Gustav Carus und Carl Blecken zu sehen sowie der zeitweilige Wohnsitz Alexander von Humboldts zu besichtigen.

Ein weiterer interessanter Punkt im Grün des Parks ist das Schloß Cecilienhof. Dieses im Stile eines englischen Landsitzes gehaltene Ensemble war zum Ende des zweiten Weltkrieges Verhandlungsort der vier Mächte, in deren Folge die inzwischen Geschichte gewordene Aufteilung Deutschlands in vier Besatzungszonen erfolgte.

Wenn Sie die Parkanlagen in aller Ausführlichkeit erkunden wollen, werden Sie noch auf militärhistorische Ausstellungen, eine Bildergalerie, ein Chinesisches Teehaus, eine Orangerie und viele weitere Bauwerke stoßen, die zum Teil nur Anfänge von ehemals wesentlich größeren Projekten des preußischen Königshauses sind.

Etwas abseits, am Wilhelm-Külz-Ring in Potsdam, empfiehlt sich das Potsdam-Museum. Für den engagierten Taucher ist die ständige Schau "Natur und Umwelt im Havelland" sicher besonders wertvoll. In 16 Becken mit 20.000 Liter Wasserinhalt kann der Besucher zahlreiche Fischarten und andere Wasserorganismen des Havel-Flußsystems im Original beobachten.

Wenn Sie einen Stadtplan von Potsdam zur Hand nehmen, sehen Sie die Stadt der Parks in zahlreiche Seen eingebettet und wähnen sich in einem Taucherparadies. Doch ganz so ist es leider nicht. Viele Seen sind auf den zweiten Blick durch Kanäle verbunden und Bestandteil der Havelwasserstraßen, werden also regelmäßig von der berufsmäßigen Schiffahrt "durchpflügt". Diese Seen sind auf Grund der geringen

Horizontalsicht und der von der Schiffahrt ausgehenden Gefahren zum Tauchen kaum geeignet. Somit sind auch hier trotz des Wasserreichtums ortskundige Führer unerläßlich. Am besten, Sie informieren sich in der ortsansässigen Tauchbasis über die Möglichkeiten rund um Potsdam.

1. Der Heilige See

In unmittelbarer Nähe der Potsdamer Parkanlagen, direkt am Neuen Garten, erreichen Sie den Heiligen See. Geschwungene Wege, die von Lennèscher Gartenbaukunst künden, führen vom Park ans Wasser. Als Ausgangspunkte zum Tauchen eignen sich noch am ehesten einige winzige Sackgassen, die von der Seestraße und der Tizianstraße Richtung See abzweigen. Weitere Tauchtips können Sie im Potsdamer Tauchladen “TRADI-CLUB” erfragen.

Oben: Blick über die Schulter der Venus und die Weinbergterrassen hinauf zum Schloß Sanssouci. (Foto: F. Wieland)

Im Heiligen See erreichen Sie Maximaltiefen bis 14 Meter, die Horizontalsicht beträgt im Jahresgang 3 bis 8 Meter. Obwohl die steilscharigen Ufer relativ pflanzenarm sind, ist der Heilige See äußerst fischreich. Fische des flachen, bis in relativ große Tiefe durchlichtetenWassers wie Hecht, Barsch, Plötze und Schleie überwiegen.

Bedingt durch die Parks und fotogenen Bauwerke am Ufer ist der Heilige See zu "weitsichtigen" Jahreszeiten ein ideales Gewässer für Halb-und-Halb-Aufnahmen.

2. Der Sacrower See

Etwa 15 Kilometer von Potsdam entfernt befindet sich der Sacrower See. Dieses Gewässer erreicht an seinen tiefsten Stellen 32 Meter. Der Sacrower See ist durch zahlreiche Privatgrundstücke nur an wenigen Stellen, zum Beispiel am südlichen Ortseingang von Sacrow, zugänglich. Die Horizontalsichtweiten liegen bei mäßigen 2 bis 6 Metern, was jedoch für Fischbeobachtungen völlig ausreichend ist. Den Sacrower See zieren nur spärliche Schilf- und Binsenvorkommen, auch die Zone der Unterwasserpflanzen ist gering ausgebildet.

Nach dem Zweiten Weltkrieg fanden im Sacrower See gewaltige Sprengungen statt, die große Verluste an Fischen verursachten. Heute hat sich der Bestand erholt. Hecht, Barsch und Plötze kommen in relativ großer Zahl vor, Aale und Schleien sind schon seltener und am besten nachts zu beobachten. Auffallend ist eine Vielzahl von flinken, kleinwüchsigen Bleien, die in relativ flachem Wasser ihre Nahrung suchen. Vermutlich ist das Tiefenwasser nicht sauerstoffreich genug für die Bleie und deren Nährtiere. Die Regionen knapp über der Sprungschicht teilen sich oft Amerikanische Flußkrebse mit den erwähnten Bleien und Güstern.

Ausgesprochen selten, aber doch hin und wieder einmal zu "belauschen", sind Zander, Rotfeder, Rapfen und Karausche. Für den Tierfotografen ist der Sacrower See auf jeden Fall ein Erlebnis. Man sollte jedoch von Anfang an ein 50er oder 90er Makroteleobjektiv einplanen.

Der Rapfen.

Teil Sachsen / Anhalt

Von Arendsee bis Halle/Saale

Auch in diesem Kapitel sollen ausgewählte Museen und Naturdenkmale vorgestellt werden, die in der Nähe der jeweiligen Tauchgewässer liegen und mit ihren Aussagen den Eindruck des Besuchers vom jeweils aufgesuchten Landstrich abrunden können.

Im Norden beginnend, ist da zuerst das Heimatmuseum Arendsee zu nennen, das sich im ehemaligen Hospital des 1184 gestifteten Benediktiner - Nonnenklosters befindet. Die kleine Ausstellung informiert über das Landschaftsschutzgebiet um den Arendsee, zeigt Tierpräparate und verfügt über historische Modelle von Kloster und Stadt. Gar nicht weit weg - im nahe gelegenen Stendal - können Sie im Altmärkischen Museum weitere Informationen über die Gegend erhalten. Die Exposition umfaßt von Ausstellungsstücken zur Ur- und Frühgeschichte der Region über slawische und gotische Fundstücke bis zur Gegenwart die gesamte Entwicklung der Altmark und der Stadt Stendal.

Einige Kilometer nordöstlich von Wolmirstedt, gar nicht weit vom Jersleber See, befindet sich ein mit 188 Hektar Fläche recht großer Winterlinden-Traubeneichen-Hainbuchen-Forst. Bemerkenswert an diesem herrlichen Wandergebiet sind vor allem die bis zu 190-jährigen Linden. Diese Bäume gelten als der größte geschlossene Lindenwald Europas und stehen schon seit 1907 unter Naturschutz.

In Magdeburg bietet sich besonders das Kloster "Unser lieben Frauen" für eine Besichtigung an. Ein außerordentlicher Schatz ist die 23000 Bände umfassende alte Klosterbibliothek mit wertvollen Inkunabeln aus der Anfangszeit des Buchdruckes. Sehr viel Zeit benötigt man für den Besuch des kulturhistorischen Museums in Magdeburg, dessen Sammlungen von der Biologie / Mineralogie über Technikgeschichte (mit Erinnerungen an Otto von Guericke) bis hin zur bildenden Kunst (Werke von Dürer, Rembrandt, Picasso, Chagall und anderen) reichen. Ein attraktives Schaustück Magdeburgs ist der 1909 vom Stapel gelaufene Seitenradschlepper "Württemberg", der nahe den Elbwiesen festgemacht hat und als Museum der Elbschiffahrt sowie als Gaststätte dient.

Südlich von Gommern kann man als Naturdenkmal eine um 20 Meter hohe Flugsanddüne zu bewundern, die auch heute noch "wandert". Die Nordwestseite der Düne bildet gleichzeitig das Seeufer für einen der kleinen Steinbruchseen, wie sie typisch für das Gebiet Gommern - Dannigkow sind.

Unweit des Bergwitzsees erreichen Sie die Lutherstadt Wittenberg. Von 1508 bis zu seinem Tode 1546 lebte und schrieb hier Martin Luther. Das ehemalige Klostergebäude - heute Lutherhalle - ist die größte reformationsgeschichtliche Sammlung der Welt. Hier wurden beinahe alle Lutherschriften in Originaldrucken gesammelt. Weitere sehenswerte Expositionen in Wittenberg befinden sich im Melan-

MARWI
MARWI

chthonhaus sowie im Museum für Naturkunde und Völkerkunde "Julius Riemer".

Eine nächste interessante Schau gibt es im Kreisheimatmuseum von Aschersleben zu betrachten. Sie widmet sich besonders dem Bergbau im Unterharz und seinem Vorland. Attraktivstes Exponat ist eine paläontologische Studiensammlung, insbesondere ein 4 Meter langer versteinerter Fischsaurier.

Sollten Sie in der Gegend von Löbejühn oder Gütz vom Unwetter überrascht werden, empfiehlt sich ein Abstecher in die Saalestadt Halle. Die kulturelle Vielfalt der Saalemetropole ist auf die Schnelle gar nicht zu schildern, deshalb ausgewählte Vorschläge zur Regionalgeschichte und Naturkunde: Im Geiseltalmuseum auf der Domstraße wird insbesondere die tertiäre Tierwelt dargestellt, die sich anhand von 40.000 Fossilresten aus der Braunkohle des Geiseltals recht gut rekonstruieren ließ. Unter anderem ist das 70 Zentimeter große vollständige Skelett eines Altpferdes zu sehen. Im Halloren- und Salinemuseum auf der Mansfelder Straße können Sie sich die Technologie des Salzsiedens vorführen lassen, ferner wird auf die frühere wirtschaftliche Bedeutung der ehemaligen Salinen und die Privilegien der Halloren (der im Salzgewerbe tätigen Hallenser) eingegangen.

1. Der Arendsee

Tief im Altmärkischen, nahe bei Salzwedel und der Nordgrenze des Bundeslandes Sachsen / Anhalt, ziert der Arendsee die Landschaft. Der gleichnamige Luftkurort liegt zwar an der Bundesstraße 190, dennoch scheint es, daß alle großen Verkehrsadern einen weiten Bogen um diese Gegend schlagen.

Der oft als "Perle der Altmark" apostrophierte See ist keinesfalls rund um's Jahr eine klare Angelegenheit. Mal liegt die Sicht bei nur einem Meter, gelegentlich herrschen aber auch 6 - 10 Meter Horizontalsicht. Der Arendsee ist ein Einsturzsee; er hat seine heutige Form und Tiefe durch einen gewaltigen Erdfall am 25. November 1685 erhalten. In der Chronik wird ausgeführt: "In jener Stunde sah man plötzlich die Bäume am Ufer niedriger werden und endlich verschwinden. Wassersäulen spritzten hoch in die Luft. Wie Berge traten die Fluten hervor, das Land verschlingend. Ein furchtbares Krachen, und ein Landstück von 2000 Schritt Umfang, eine Windmühle tragend, war in den Fluten verschwunden." Lange Zeit hielt man das für eine dramatische Übertreibung unserer Vorfahren - bis Sporttaucher in 12 Metern Tiefe einen Mahlstein entdeckten. Dieser interessante, die Geschichte bestätigende Fund sollte unbedingt gehoben werden. Einem Team aus Osterburger und Arendseer Sporttauchern, Kameraden der Freiwilligen Feuerwehr und der Besatzung des Motorschiffes "Seeadler" gelang am 27. September 1983 die Bergung des

Seite 48 oben: **Am Mittellandkanal bei Jersleben. (Foto: S.Reul)**
Seite 48 unten: **Hecht im Jersleber See. (Foto: F. Wieland)**

zwei Tonnen schweren Mahlsteines. Heute steht das Fundstück hinter der Klosterkirche Arendsee und ist Exponat des Heimatmuseums.

Der maximal 49,5 Meter tiefe Arendsee ist auch sonst ein für Schatzsuchernaturen prädestiniertes Gewässer. Häufig werden Scherben, Krüge und Hausrat vergangener Jahrhunderte, aber oft auch Waffen und Munition jüngeren Datums gefunden. Neben den historischen "Inhalten" hat der Arendsee natürlich auch eine sehenswerte Tier- und Pflanzenwelt.

Unter anderem leben in diesem See große Schwärme Kleiner Maränen. Die silbrig glänzenden, heringsartigen Fische werden um 20 Zentimeter groß. Ähnlich den Äschen und Forellen tragen auch Maränen eine Fettflosse zwischen Rücken- und Schwanzflosse. Die Kleine Maräne hat zudem einen etwas vorstehenden Unterkiefer, so daß die Maulspalte nach oben weist (Maul oberständig). Maränen bewohnen das Freiwasser und laichen im Winter in großen Tiefen. Stabile große Populationen können nur in tiefen, relativ klaren Seen überleben, die bis zum Grund einen hinreichenden Sauerstoffgehalt für die lange Entwicklungszeit der Maräneneier haben.

Im Arendsee scheint es damit gut bestellt, ist doch die Kleine Maräne eine wichtige Beute des hiesigen Berufsfischers. Im Arendsee leben sogar so große Schwärme von Kleinen Maränen, daß sie das Zooplankton (Kleinkrebse) furchtbar dezimieren.

2. Der Barleber See

Der Barleber See ist eine ehemalige Kiesgrube. Der heute 105 Hektar große See entstand, als die Kiesmassen für die Schüttung der Dämme von Mittellandkanal und Autobahn in den Jahren 1928 - 1937 abgebaut wurden. Der große See hat eine relativ gleichmäßige Tiefe bei 7 Metern, die tiefste Stelle befindet sich im Nordwestteil mit 10 Metern.

Im See sind Hecht, Schlei, Blei, Plötze und Barsch verbreitet, die in weiten Krautflächen gute Deckung finden. Die Sichtweite ist während der sommerlichen Badesaison nicht so gut, liegt außerhalb der Saison jedoch um 6 Meter. Wie das Vorkommen der Kleinen Maräne beweist, ist die Wasserqualität im Barleber See recht gut. Nur hier und dort, in relativ geringer Siedlungsdichte, kann der Taucher Amerikanische Flußkrebse bewundern.

Günstige Tauchplätze und Einstiegsstellen bietet das dem offiziellen Badestrand gegenüberliegende pappelbestandene Ufer im Nordwestteil des Sees. Der Barleber See ist erreichbar über die Autobahn A2 bei Magdeburg. Die Abfahrt ist direkt als "Barleber See" ausgeschildert.

3. Der Jersleber See

Der 220 Kilometer lange Mittellandkanal, die verbindende Wasserstraße zwischen Rheingebiet und Elbe, wurde 1938 bis Magdeburg in Betrieb genommen. Allein zur Schüttung des 18 Kilometer langen Dammes bei Magdeburg bis auf Höhe des Schiffshebewerkes Rothensee hat man eine Million Kubikmeter Kies, Sand und Erde benötigt. Diese Materialien wurden im Wesentlichen aus zwei Gruben abgebaggert, den heutigen Seen bei Barleben und Jersleben.

Das alte Baggerloch Jersleben soll durch einen Dammbruch des auf der Südseite vorbeiführenden Mittellandkanals bis auf die heutige Größe erweitert worden sein.

Der Jersleber See ist reich bewachsen mit Hornkraut, mehreren Laichkrautarten, Ährigem Tausendblatt und Armleuchteralgen. Die Tiefen betragen nur 7 bis 9 Meter, der See wird beinahe überall bis zum Grunde durchlichtet. Deshalb bedeckt der Pflanzenwuchs nahezu den ganzen Seeboden, nur im Zentrum des fast quadratischen Sees gibt es eine Faulschlammablagerung. Einzelne Findlinge, wie malerisch zwischen die grünen Teppiche der Pflanzen gestreut, machen das Unterwasserbild zu einem Genuß für Landschaftsfotografen.

Die Pflanzenbänke bergen zahlreiche Fische. Nahe der Faulschlammbank treffen Sie häufig die Schleie, im Kraut stehen Aal, Hecht und Rotfeder, im Organomudd unter den Pflanzen wühlen kapitale Bleie. Kaulbarsch und Zander bevölkern ebenfalls den Jersleber See, lassen sich jedoch nur auf Nachttauchgängen feststellen. Auch in diesem See hat sich die Kleine Maräne gehalten.

Die Sichtweite im Jersleber See liegt auch im Sommer bei fünf, im Herbst, Winter und Frühjahr oft sogar über zehn Meter. Hinsichtlich Tier- und Pflanzenwelt, Untergrundbeschaffenheit und dem ganzen Flair der Gegend erinnert der Jersleber See stark an den Helenesee bei Frankfurt / Oder.

4. Zwischen Plötzky und Dannigkow

Südöstlich von Magdeburg berühren die Bundesstraßen 184 und 246a die Kleinstadt Gommern. Ganz in der Nähe, etwa im Viereck Gommern, Dannigkow, Pretzien und Plötzky, liegen zahlreiche, wunderbar blaue und oft sehr klare Seen im Wald.

Die zum Teil namenlose Gewässervielfalt rührt vom Abbau des sogenannten Gommernquarzits her. Die Gewinnung dieses Werksteins hat noch zur Jahrhundertwende etwa 800 Leute beschäftigt, wurde jedoch 1963 eingestellt. Das landschaftlich

Oben: **Frühling am Plattensee.**
Seite 53: **Goldener Herbst am und im Schilfsee. (Fotos: F. Wieland)**

wunderschöne Waldseengebiet beherbergt heute mehrere Zeltplätze und Bungalowsiedlungen. Trotz vieler Erholungssuchender sind die Waldseen zwischen Elbaue und Heide ein sehr empfehlenswertes Tauchgebiet, die landschaftliche Eigenart des Terrains läßt das Gefühl einer gewissen Bedrängtheit wie an einem überfüllten Badestrand nicht aufkommen.

Von zahlreichen Seen können hier nur wenige erwähnt werden; Taucher müssen sich ohnehin in der von der Gemeinde autorisierten Tauchbasis am Plattensee anmelden und erfahren dort alles Wissenswerte.

Der genannte Plattensee ist wie alle diese Gewässer ein alter Quarzitsteinbruch, macht aber den idyllischen Eindruck eines felsigen Waldsees. Beinahe vor der Tür der Taucherbasis geht es über feinen Sandgrund hinab bis auf 5-6 Meter Tiefe, dann beginnen gewaltige Steilwände, Steinplatten und Geröllhalden. Gerade dieses Gebiet, der Übergang vom Sand zum Felsgrund, ist des nachts unheimlich belebt, am Tage jedoch wie kahlgefegt.

Im sagenhafter Dichte leben hier große Flußkrebse eng beieinander, im Plattensee sind sowohl der Deutsche Edelkrebs, als auch der Galizische Krebs und der Amerikanische Flußkrebs zu beobachten. Zwischen Geröll liegen im Schutze der Dunkelheit Plötzen auf Grund, weiden kleinwüchsige Karpfen und farbenprächtige Gründlinge am Algenbewuchs. Wer noch tiefer absteigt, bis zum Beginn eines schlammigen Sediments, mag wohl auch einmal einen Zander aufstören.

In relativ geringen Tiefen von nur einem bis drei Metern lassen sich Steinbeißer beobachten. Die bis etwa 12 Zentimeter langen, schlanken Fische sind an 6 kurzen Barteln erkennbar. Sie tragen derer vier auf der Oberlippe und zwei in den Mundwinkeln. Vielleicht gelingt es Ihnen, die eigenartigen "Freßgewohnheiten" des Steinbeißers aus der Nähe zu sehen. Der Fisch sucht im Sandboden nach Kleintieren und organischen Resten. Dazu schöpft er Sand ins Maul, kaut die Sandkörner durch und läßt die solcherart gereinigten Quarzkrümel durch die Kiemenspalten wieder zu Boden fallen. Steinbeißer sind sehr scheu, bei scheinbaren Gefahren stehen sie plötzlich kopfüber senkrecht auf dem Grund und haben sich in Sekunden ins lose Material eingewühlt. Wer dem Steinbeißer mit dem Makrotele nachstellt, wird recht oft nur einen halb eingegrabenen Fisch oder die zurückgelassene Wolke aufgewirbelten Sandes auf dem Bild haben.

Der hintere Teil des Plattensees ist durch eine felsige Barre von vielleicht nur einen Meter Wassertiefe abgetrennt. Wenige Meter neben dieser flachen Stelle, auf der sogenannten "Ziegelwerksseite", beginnt in etwa 3 Metern Tiefe eine Treppe. Diese führt hinab zu zwei Gebäuden, die auf 15 und auf 24 Metern Tiefe stehen. Damit ist auch beinahe die Maximaltiefe im Plattensee erreicht.

Vom Plattensee könnte man mit voller Ausrüstung hinüber zum Schilfsee laufen. Dieser See hat ebenfalls sehr steil abfallende Ufer und wahnsinnig klares Wasser. Die Horizontalsicht im Schilfsee kann 15 - 18 Meter betragen, dann ist dieser über 20 Meter tiefe See mit seiner fast ringsum geschlossenen Schilfkante und seinem versunkenen Wald ein herrliches Studio für außergewöhnliche Stimmungsbilder und Taucherfotos. Die herrlichste Zeit am Schilfsee ist der Spätherbst, wenn farbiges Laub zwischen Schilfhalmen schwimmt, die Bäume ihre bunten Blätter noch nicht völlig verloren haben und die tiefstehende Sonne exzellente Schattenspiele unter Wasser zaubert. Schwärme kleiner Barsche ziehen dann dicht unter der Oberfläche dahin, zwischen versunkenen Wurzelstöcken und Dreissenamuschelbänken. Tauchen im Schilfsee ist Süßwassertauchen der Superlative. Der nicht sehr große See erfordert jedoch dringend gute Fertigkeiten im Tarieren, um die sensible Natur zu schonen. An den tiefsten Stellen des Schilfsees breitet sich eine schwarze Sedimentschicht aus zerfallenen Wasserpflanzen und Laub aus.

Der Inselsee liegt ebenfalls nur Minuten zu Fuß von der Tauchbasis entfernt. Es lohnt nicht, für einen Tauchgang erst das Auto zu beladen. Auch im Inselsee ist wieder diese ungewöhnlich dichte Besiedelung mit Flußkrebsen zu beobachten. Allerdings scheint der Galizische - oder Sumpfkrebs zu überwiegen. Aus noch nicht genau erforschter Ursache heraus vermag der Galizische Krebs den Deutschen Edelkrebs in einem Gewässer langsam zu verdrängen, so daß der Inselsee vielleicht in einigen Jahren oder Jahrzehnten ein reines Sumpfkrebsgewässer sein wird.

Am Südende der baumbestandenen Insel fällt der Fels jäh auf 30 Meter Tiefe ab. Hier unten, im Osthang des Gewässerbodens, wo meist nur noch 1-2 Meter Sicht herrschen, geht eine Stolleneinfahrt aus der Bergbauzeit tief ins Gestein. Erkundungen dieses Bereiches sollten nur durch entsprechend ausgerüstete Taucher (zwei getrennte Atemsysteme, Helmlampen, Ariadnefaden) erfolgen, die in Sachen Altbergbau schon Erfahrungen haben. Im Inselsee sind jedoch auch in geringeren Tiefen schon verschiedene Ruinen zu finden.

Der vierte und letzte vorzustellende See heißt Königssee und befindet sich im Wald bei Pretzien. Dieser See ist sehr klar und hat eine herrlich blaue Farbe, wie man es beispielsweise von Karstquellen her kennt. Der beinahe kreisrunde Kessel fällt ufernah auf über 20 Meter Tiefe ab. Die Transparenz des Wassers und die ungewöhnliche Helligkeit auch tief unten lassen die erreichte Tiefe vergessen. Das Wasser dieses Sees ist so stark sauer, daß ungeschützte Bleigewichte durch Salzbildung weiß werden. In diesem sauren Wasser lebt kein Fisch, nur grüne Algenvorhänge kontrastieren herrlich zu den hier schneeweißen Felsen. Ein ideales Unterwasserstudio für Taucher- und Ausrüstungsfotos...

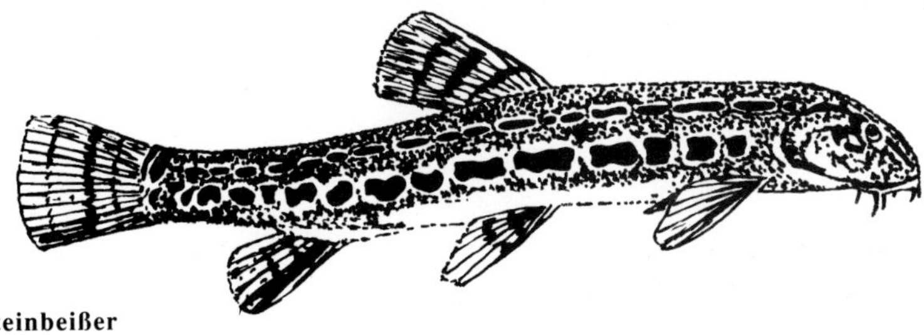

Der Steinbeißer

OCEANWAYS - PACIFIC

5. Der Bergwitzsee

Von der A9 an der Anschlußstelle Dessau-Ost abfahrend, erreichen Sie über Oranienbaum und eine ganze Reihe Dörfer fahrend Bergwitz.

Der Bergwitzsee entstand vor mehr als dreißig Jahren aus einer 1952/53 aufgegebenen Kohlengrube. Vor Jahren war der Seeteil "Silbersee" noch ein abgeschlossener See, mit steigendem Wasserstand erhielt er Verbindung zum eigentlichen Bergwitzsee.

Der Uferabfall im Bergwitzsee ist bis 22 Meter recht steil, der Grund ist sandig. Nahe der Insel sollen maximal 33 Meter Tiefe erreicht werden. Barsche, Schleien, Rotfedern, Hechte, Karpfen, Moderlieschen und Edelkrebse leben im See, die relativ artenarme Pflanzenwelt besteht aus Laichkräutern, Hahnenfußgewächsen und Tausendblatt.

Die schönsten Tauchplätze befinden sich rund um die Insel, vor allem im "Silbersee". Vom "Marineclub" aus gesehen hinter der Insel stehen Ruinen im Wasser, unter anderem das ehemalige Pumpenhaus aus der Tagebauzeit.

Die Tauch- und Seglerschule "Marineclub" auf der Bergwitzer Seite des großen Sees (7 Kilometer Umfang!) hält jedoch die größte Attraktion bereit - zwei Unterwasserstationen!

Begeben wir uns einmal auf den Rundkurs vor der Tauchbasis: Entlang einer Leine tauchend, erreichen wir zunächst auf 3, 5 und 9 Metern Tiefe nacheinander drei stählerne Arbeitsplattformen. Schließlich sichten wir auf 14 Metern Tiefe das Fundament der Station RII, geflutete Pontons. Riesig wölbt sich der Schatten der aus vier gleichgroßen Kammern bestehenden Station über uns. Vom Basisleiter Volker Buder haben wir den Schlüssel zur Gitterluke der Station erhalten, auf 10 Metern Tiefe bis zur Brust in der Luftglocke des Einstieges stehend, schließt der erste auf und klettert nach oben. Im mittleren Naßteil der Station müssen Bleigurte, Geräte, Flossen und ähnliches deponiert werden. Von hier aus können über Durchstiege von 0,6 Metern lichter Weite die drei weiteren Kammern der Station erreicht werden, die bei längeren Lehrgängen als Aufenthalts-, Kontroll- bzw. Schlafraum eingerichtet sind. Außer dem zentralen Naßraum sind alle Kammern mit Beleuchtung, Heizung und Luftversorgung versehen.

Niemand muß sich ob der etwas unheimlichen Stimmung und ungewohnten Enge (Gesamtvolumen 11,6 Kubikmeter) Sorgen machen, denn oben am Steuerpult an Land sitzt Volker Buder, Tauchlehrer und Erbauer der Stationen im Bergwitzsee. Er steuert die permanente Luftversorgung, kann über eine Fernsehkamera das

Seite 56 oben: **Tiefblau und klar sind die Dannigkower Seen.**
Seite 56 unten: **Der scheue Steinbeißer.**
Seite 57 oben: **An den sehr langen schlanken Scheren erkennt man den Galizischen oder Sumpfkrebs**
Seite 57 unten: **Nächtliche Freßorgie - Krebse am toten Fisch. (Fotos: F. Wieland)**

Geschehen in der Station verfolgen, erkundigt sich mit freundlichen bis lustigen Worten nach der Befindlichkeit der Taucher über die Wechselsprechanlage und hat sogar über Meßfühler und Schreiber den aktuellen Sauerstoffgehalt der Stationsluft im Blick.

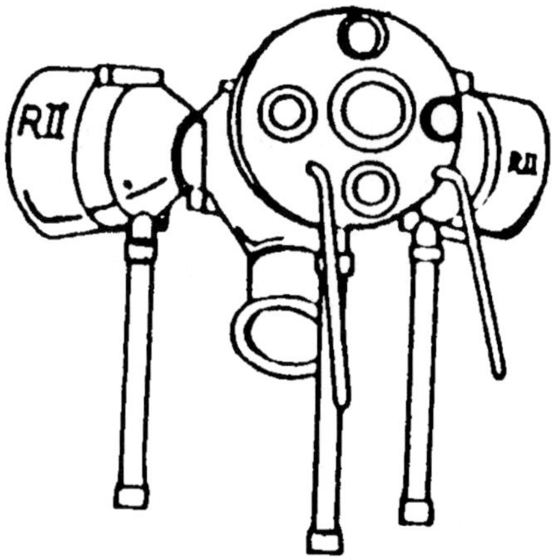

Es beschleicht den Taucher im leicht gekrümmten Einstieg schon erst einmal ein seltsames Gefühl - man meint sich im ersten Moment beinahe im Freiwasser sicherer zu fühlen. Der Besuch der RII ist eine völlig neue Taucherfahrung, ein echtes Erlebnis!

Aber folgen wir dem Rundkurs weiter: Von der RII führen zwei Leinen weiter in Richtung RI. Diese Station ist wesentlich kleiner, eigentlich nur ein senkrecht stehender Kessel mit Einstieg, Fenstern und Beleuchtung. Die RI war Volker Buders Versuchsbau für die größere RII. Die Station RI steht auf etwa 18 Meter Tiefe, 100 Meter vom Ufer entfernt. Sie ist mehr oder weniger ein anspruchsvolles Spielzeug für Leute, die garantiert keine Platzangst haben und sich ihres Umgangs mit der Ausrüstung sehr sicher sind. Hier muß nämlich das Tauchgerät abgelegt werden, um den engen Eingang passieren zu können. Sollte die Luftversorgung von der RII her nicht in Betrieb sein, muß die Tauchergruppe eine Flasche "Spülluft" für die RI mitführen.

Aber der Rundkurs ist noch nicht zu Ende: Die Leine weist den Weg zu einem versunkenen Wrack, einem großen Ruderkutter. Nach dieser dritten "Sehenswürdigkeit" führt die Leine wieder dem Ufer entgegen. Unter Umständen müssen Sie nun Dekompressionszeiten beachten. Obwohl das ganze Spektakel hauptsächlich in Tiefen von 10 - 15 Metern steigt, vergeht die Zeit wie im Fluge und mit ausführlichem Fotoaufenthalt in und an beiden Stationen kommen schnell über drei Stunden Tauchzeit zusammen (Trockentauchanzug sei empfohlen!).

Außerdem noch ein Tip: Die meisten Dekocomputer "mögen" keine trockenen Druckkammerversuche. Stellen Sie Ihre Computer möglichst in einem Topf oder in einer wassergefüllten Maske liegend in die Station. Eine andere Variante ist,

Seite 60 oben:	**Leistungsstarke Kompressoren und Flaschenkaskaden gewährleisten...**
Seite 60 unten:	**... einen sicheren, bei Bedarf auch tagelangen Aufenthalt in der Station.**
Seite 61 oben:	**An diesem Tisch hat der Einsatzleiter das Geschehen in der Station RII und alle Meßgeräte im Blick...**
Seite 61 unten:	**... wenn seine tauchenden Gäste die Kammern des Unterwasser hauses erkunden. (Fotos: S. Reul (1), F. Wieland (3))**

TEURE TROPHÄE

die teuren Meßgeräte und elektronischen Logbücher außerhalb der Station per Karabinerhaken an die Einstiegsleiter zu klacken.

Mit diesem Rundkurs haben Sie jedoch das "Repertoire" der Buder'schen Tauchbasis noch lange nicht ausgeschöpft. Volker Buder hat es sich nicht nehmen lassen, noch ein Leitseil von seiner Basis aus zur gegenüberliegenden Insel zu legen, das auf 18 Metern Tiefe einen versunkenen Wald durchquert. Sie können also nicht umhin, etwas zu erleben...

6. Die Förstergrube bei Sandersdorf

Aus einem auflässigen Braunkohlentagebau entstand vor mehr als dreißig Jahren die Förstergrube bei Sandersdorf, ein See von etwa 53 Hektar Größe. Sehr günstig erreichbar ist das Gewässer über die Autobahn A9, Abfahrt Zörbig / Bitterfeld.

Die Förstergrube ist im Sommer sehr durch Badelustige frequentiert, die sich aber überwiegend im offiziellen Strandbad am Südufer aufhalten. Ungestörte Tauchgänge sind vor allem am buchtigen Nordufer möglich. Ein besonders angenehmer Tauchplatz befindet sich im Nordwesten des Sees, gerade dort, wo die nördliche Abgrenzung des hiesigen Seglerhafens endet.

An dieser Stelle sind einige Meter über eine steile, sandige Abbruchkante abzusteigen. Schon stehen Sie im Wasser, das meistens glasklar zwischen Schilfhalmen schwappt.

Beim Abtauchen werden Sie nur einige spärliche, der Schilfzone vorgelagerte Gelegepflanzen finden. Aber dann: Weit, sehr weit haben Sie Ausblick über Felder von gesund-grünem Hornkraut, größere Polster von Armleuchteralgen und weitere Wasserpflanzen.

Zwischen festwurzelnden Beständen von Wasserpest schwebt und liegt in großer Zahl der Große Wasserschlauch. Diese empfindliche, als selten geltende Pflanze lebt in nährstoffarmen Gewässern und verbessert ihre Stickstoffversorgung durch den Fang von Insekten. Landläufig werden ihr "fleischfressende" Eigenschaften zugeschrieben.

Wie geht der Fang vor sich? Alle Wasserschlaucharten haben rundlich-eiförmige bis linsenförmige Fangblasen an den Blättern. Diese Blasen, in deren Innern ein leichter Unterdruck herrscht, sind mit Klappen verschlossen. Sowie ein Beutetier die Borsten an der Öffnung einer Fangblase berührt, schlägt die Klappe nach innen und saugt das Tier (zum Beispiel einen Wasserfloh) ein. Mit Hilfe eiweißspaltender Wirkstoffe der Pflanze wird das Insekt verdaut. Die Wasserschlauchgewächse sind jedoch nicht auf "Jagderfolg" angewiesen, sie gedeihen meist auch ohne diese zusätzliche Energiequelle gut. In der Förstergrube sind bis zu 40 Zentimetern lange Exemplare dieser eigenartigen Pflanze zu sehen.

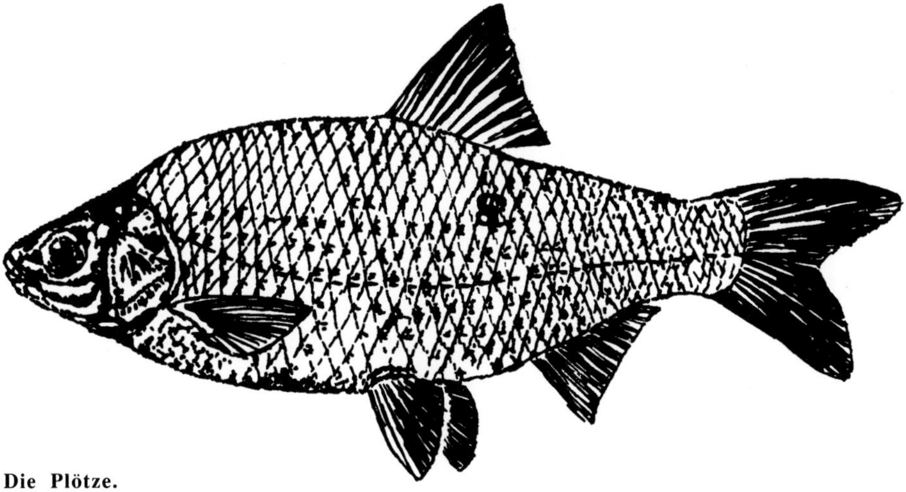

Die Plötze.

Aber auch sonst macht das Tauchen hier Freude. Mit etwas Glück und ruhiger flacher Atmung können Sie sich im klaren Wasser an Schwärme von großen Bleien heranpirschen. Sollten Sie jedoch in einiger Entfernung einen kapitalen Karpfen um einen Meter Größe sehen - versuchen Sie ihm nicht zu folgen. Karpfen sind zwar scheu - aber ebenso wie Schleien und Barsche neugierig. Verharren Sie angesichts großer Karpfen ruhig auf der Stelle, richten schon die Kamera ein, atmen gemessen und gleichmäßig - dann ist die Chance auf ein Porträt am größten! Der mißtrauische Geselle wird, immer enger werdende Kreise um Sie schwimmend, zu ergründen suchen, was da blubbert?!

Es ist ein immer wieder prächtiges Schauspiel, Schwärme von jüngeren oder auch ausgewachsenen Fischen im Gegenlicht durch das strahlend-blaue Wasser zu beobachten. Nahezu von überallher sehen Sie die silbernen Wellen an der Oberfläche spielen. Die maximale Tiefe der Förstergrube beträgt etwa 14 Meter. Ob Fotos vom Tauchpartner, von Fischen oder interessante Makroaufnahmen beabsichtigt sind, das Sandersdorfer Gewässer bietet alle Möglichkeiten. Die Sichtweiten liegen oft bei 5-8, gelegentlich auch bei 12 Metern. Nicht umsonst gilt die Förstergrube von Sandersdorf neben dem Helenesee und dem Großen Stechlin als eines der Stargewässer Ostdeutschlands.

7. Die Felskessel von Löbejühn

Löbejühn heißt tatsächlich so, wie es in diesem Buche steht - wenn auch auf den meisten Karten die Striche über dem “o” oder dem “u” fehlen. Die kleine Stadt liegt östlich der Bundesstraße 6 von Halle nach Aschersleben. Um die Tauchgewässer zu finden, bitte in Ortslage Domnitz Richtung Löbejühn von der B6 abfahren. Bald nach Verlassen der Ortschaft und Passieren eines Bahndammes ist weithin sichtbar ein sanft ansteigender Berg rechts der Straße auszumachen.

Markantes Kennzeichen in der Nähe der gesuchten Seen ist ein etwas ungewöhnlich geformtes Bauwerk, das man aus großer Entfernung für eine technische Anlage oder eine halbzerstörte Feldscheune halten, aber eben kaum übersehen kann. Aus der Nähe wird sich das unförmige Ding als die Stahlbetonhülle eines stillgelegten Granitbrechers für die Schotterherstellung erweisen.

Wählen Sie den nächsten Feldweg, um direkt in Richtung der Bergkuppe zu fahren. Der holprige Weg führt nochmals über einen unbeschrankten Bahnübergang, dann geraten Sie mit Ihrem Wagen in einen kleinen Hohlweg und stehen abrupt vor der Wasserfläche des ersten Steinbruchsees. Hier sollte man das Auto stehen lassen und einen Erkundungsspaziergang machen.

Weiter bergauf, nahe dem mit bunten Graffitis verzierten Granitbrecher und dem ebenfalls bemalten Trafohaus, stehen Sie vor der gähnenden Tiefe eines zweiten Steinbruchsees. Wenige zig Meter weiter wurde ein dritter Felskessel in den Untergrund gesprengt.

Der zuerst erreichte Steinbruchsee wird häufig betaucht und gewährt angenehme Fotosichtweiten von im Jahresgang 4-8 Metern. Die Felswände fallen sehr steil ab, manche Kante wirkt riffähnlich. Trotz der kargen Lebewelt im Steinbruch lebt hier eine auffällig zahlreiche Population von Galizischen - oder Sumpfkrebsen. Diese Art erkennt man an ihren im Vergleich zum Deutschen Edelkrebs recht langen und schlanken Scheren sowie an einer mehr ins Graubraune tendierenden Färbung. Über algenbedeckten Geröllfeldern stehen kleine Moderlieschenschwärme, so mancher alte hochrückige Barsch verbirgt sich in gefluteten Althölzern. In diesem Steinbruchsee werden etwa 25 Meter Tauchtiefe erreicht.

Der mittlere der drei Steinbruchseen mag vielleicht erstaunliche Sichtweiten bieten, ist jedoch infolge der gefahrvollen Abstiege mehr etwas für Kletterkünstler und Abseilartisten. Die Wassertiefe liegt bei 10 Metern.

Der von der Anfahrt aus gesehen hinterste Steinbruchsee birgt eine ähnliche Lebewelt wie der erstbeschriebene. Außerdem ruhen hier Kipploren, Schienen, eine Drehscheibe für Loren sowie ein Pumpenhaus als Wracks bzw. Ruinen für Fotofreaks auf Grund. Bei 12 Metern erreichen Sie die tiefste Stelle.

8. Der Gützer Berg

Von der Autobahn A9 kommend, fahren Sie über die Abfahrt Landsberg und die Bundesstraße 100 bis in den gleichnamigen Ort. Landsberg queren Sie in Richtung Gütz, beinahe genau gen Westen. Unmittelbar nach einem Bahnübergang sehen Sie die verfallenen Natursteingebäude des ehemaligen Steinbruches am Gützer Berg sowie die charakteristische Silhouette einer durch Werksteinabbau veränderten Anhöhe.

Vom oberen Rand den Felskessels kann ein beinahe allseitig von steilen Porphyrwänden umgebener Steinbruchsee bewundert werden, den im Flachwasserbereich schon Laichkraut- und Hahnenfußpolster zieren. Auch eine Schilfkante nahe der Einstiegskante verschönt den Anblick. Der See am Gützer Berg ist relativ jung, erst 1963 wurde die Sprengtätigkeit eingestellt. Das Wasser steigt noch immer, in der letzten Zeit hob sich der Wasserspiegel um jeweils 70 - 80 Zentimeter pro Jahr.

In den Fluten des Steinbruchsees leben Barsche, Plötzen, Karpfen, Rotfedern, Hechte und Aale. Im Sediment stecken große Teichmuscheln, zahlreiche Steine und Schilfhalme sind mit Dreikantmuscheln bedeckt.

Neben den "üblichen" Restanlagen alter Steinbrüche wie Pumpenhaus und Rohrleitungen wurde in diesem See auch ein Einmannbunker mitgeflutet. Der Bunker ist betauchbar, der Taucher kann in kürzester Zeit in diesem Bunker eine Luftglocke schaffen. Diese verliert sich durch Haarrisse im Beton erst nach einigen Stunden wieder.

Teil Sachsen

I. Die Lausitz

Kulturlandschaft Lausitz

Wer neben der Erkundung der Lausitzer Tauchgewässer mehr über die Region wissen möchte, dem seien einige Museen und andere Sehenswürdigkeiten empfohlen. Teils liegen sie recht verkehrsgünstig, Museumsbesuche zwischen zwei Tauchgängen oder auf der Rückfahrt wären denkbar.

An erster Stelle ist hier das Museum der Westlausitz in Kamenz (Pulsnitzer Straße 16) zu nennen. Das Landschaftsmuseum zeigt Exponate, die die geologische Vergangenheit des Territoriums besser verstehen lassen. Außerdem sind eine Sammlung zur Tierwelt der Westlausitz sowie eine stadtkundliche Ausstellung über Kamenz zu sehen. Als Geburtsstadt Gotthold Ephraim Lessings besitzt Kamenz natürlich auch ein reichhaltiges Museum zu Leben und Werk des Dichters.

Auf halben Wege von Kamenz nach Bautzen liegt das Kloster Sankt Marienstern. Es wurde 1248 durch Bernhard III. von Kamenz gestiftet und gehört zu den wenigen Klöstern, die seit dem Mittelalter ihrer ursprünglichen Bestimmung

Schloß Neschwitz

dienen. Hier lebt ein Nonnenkovent nach katholischen Vorschriften, so, wie auch ein Teil des sorbischen Volkes der Umgegend den katholischen Glauben bewahrt hat. Heute betreuen die Nonnen ein Heim für behinderte Kinder. Die dreischiffige gotische Hallenkirche mit Hochaltar kann ebenso wie der für weltliche Besucher freigegebene Teil der Klosteranlagen besichtigt werden.

Nahe der heimlichen Hauptstadt der Binnenfischer und Teichwirte Königswartha erreichen Sie das Dorf Neschwitz. Hier ließ der Herzog von Württemberg-Teck, seines Zeichens Generalfeldzeugmeister beim Heer Augusts des Starken von Sachsen, ein hübsches Barockschloß erbauen. Die teils streng symmetrisch im französischen Stil gestaltete, teils englischen Naturgärten nachempfundene Parkanlage ist einen beschaulichen Spaziergang wert - hier garantiert ohne Kitschbuden und Besuchermassen!

Nahe Bischofswerda besteht die Möglichkeit, das ab 1721 errichtete Barockschloß Rammenau zu besuchen. Es ist eines der schönsten Schlösser Sachsens, beherbergt in seinen Mauern das Fichte-Museum sowie eine bedeutende Sammlung von Oberlausitzer Mineralien. Besonders empfehlenswert ist das Schloßrestaurant. Ebenfalls unweit Bischofswerda erhebt sich auf einer Quellkuppe aus Säulenbasalt die Burg Stolpen. Eine nahezu vollständig erhaltene mittelalterliche Wehranlage einschließlich Folterkammer, Burgverlies, Gerichtssaal und Weinkeller sind zu besichtigen. Burg Stolpen war 49 Jahre lang das Gefängnis der Gräfin Cosel, der berühmtesten Mätresse König Augusts des Starken von Sachsen. Wer sich für die ebenso interessante wie turbulente sächsische Geschichte interessiert, kann in vielerlei Werken nachlesen. Besonders empfehlenswert ist die "Sächsische Trilogie" des polnischen Romanciers Jozef Ignacy Kraszewski, die sich aus den Werken "Gräfin Cosel", "Brühl" und "Aus dem siebenjährigen Krieg" zusammensetzt. Wer es lieber durch Dokumente belegt, durch wissenschaftliche Historikerarbeit gesichert mag, hat sicher an dem kurzweilig zu lesenden Werk "Constantia von Cosel und August der Starke" von Gabriele Hoffmann (Bastei Lübbe 1988) Freude.

Bautzen allein ist eine Reise wert! Oder wußten Sie schon, daß die Lausitz im 15. Jahrhundert ungarische Provinz war? Im Turm der Ortenburg ist ein Bildnis des damaligen ungarischen Königs Matthias Corvinus erhalten. Ebenfalls auf der Ortenburg hat das Sorbische Museum sein Domizil. Wenn Sie die gut erhaltenen Stadtbefestigungen entlangspazieren, erreichen Sie bald die Alte Wasserkunst. Dieser beeindruckende Bau ist Wehranlage und Wasserturm zugleich, über einen sinnreichen Mechanismus konnte das Wasser der Spree schon 1496 auf die Höhe der Burg gehoben werden und über hölzerne Leitungen gen Stadt fließen. Der frühere Holzturm wurde 1558 in Stein neu errichtet. Nebst zahlreichen weiteren Sehenswürdigkeiten verfügt Bautzen mit dem Reichenturm auch über einen "Schiefen Turm". Der etwa 3200 Tonnen schwere Turm geriet 1,44 Meter aus dem Lot und

Seite 68:	**Sorbisch-katholisches Kruzifix.**
Seite 69 oben:	**Barockschloß Rammenau.**
Seite 69 unten:	**Die Burg Stolpen. (Fotos: F. Wieland)**

INRI
Mój Jézuso smilnosć!
Neudörfel
Nowa Wjeska
IHS
1820

Die Alte Wasserkunst zu Bautzen. (nach Cornelius Gurlitt, Dresden 1909)

wurde durch Techniker der damaligen Technischen Hochschule Dresden (heute Technische Universität) und die Bautzner Firma Hentschke neu gesichert.

Gar nicht weit vor den Toren Bautzens, in einem Wäldchen bei Klein-Welka, können Sie sich in "graue Vorzeit" begeben. Im sogenannten "Urzoo" sind gigantische Saurierfiguren aus Stahlbeton zu bewundern, die der gelernte Dekorationsmaler und Formgestalter Franz Gruß geschaffen hat. Was hier auf den ersten Blick ein wenig wie Klein-Disneyland anmutet, hat von kompetenten Wissenschaftlern sehr positive Bewertungen erfahren: die dargestellten Tiere entsprechen den neusten Erkenntnissen!

Auf dem Schlechteberg in Ebersbach steht die Humboldtbaude. Dieses Regionalmuseum gibt weitere Einblicke in die Tierwelt des Oberlausitzer Gebirgsgebietes und dessen Landschaftsgeschichte. Rund um das Museum erstreckt sich ein interessanter Pflanzengarten, der Wiesenflora und Laubmischwald des Oberlausitzer Berglandes ebenso lebendig darstellt, wie er auch in anderen Teilen interessante Pflanzen aus den Alpen, aus Asien und Nordamerika beherbergt.

Nicht weit von Ebersbach findet man auf der Karte die Stadt Herrnhut. Sie wurde 1722 von mährischen Auswanderern gegründet. Diese verstanden sich als Nachkommen der Reformation von Jan Hus und konnten ihren Glauben unter der damaligen katholischen Kirche Mährens nicht ausüben. Die Herrnhuter Brüdergemeine besitzt eine eigene Kirche, einen interessanten Gottesacker, ein Archiv sowie das Schulungszentrum der Brüder-Unität. Die humanistische Herrnhuter Brüdergemeine hat seit 1732 mehrere hundert Missionare in alle Welt entsandt. Durch die Tätigkeit der "Botschafter des Herrn" ist eine umfangreiche völkerkundliche Sammlung entstanden, in der es angefangen vom Flechtwerk aus Südafrika bis hin zum Hundeschlitten aus Labrador sehr viel zu sehen gibt. Über das Leben der Herrnhuter selbst gibt ein gesondertes Heimatmuseum ("Herrnhuter Stuben") Auskunft.

Eine originelle architektonische Miniatur finden Sie nordöstlich von Herrnhut in Bernstadt. Unter dem Bernstädter Marktbrunnen mit seiner kupfernen Erdkugel liegt die Schmierstelle der Erdachse! Für Leute, die das womöglich anzweifeln, steht ein "klarer Beweis" am Becken in Granit gemeißelt:

"Viele Orte stritten sich in Sachsen,
wo wirklich sei der Erde Achsen -
jetzt ist sie uns hierher befohlen -
nun soll sie auch kein Teufel holen."

Neben den erwähnten Museen sind viele Dörfer eine Augenweide. In der Oberlausitz können noch zahlreiche Fachwerkhäuser bewundert werden. Typisch für die Gegend sind die Umgebindehäuser, deren besonders viele in Schirgiswalde und Großschönau erhalten geblieben sind..

Im zweisprachigen Gebiet der Sorben zieren an Feldwegen, Kreuzungen, Mauern, in Grundstücken eine Vielzahl von katholischen Kruzifixen und kleinen Kapellen die Gegend. Sie geben der Landschaft ein ganz eigenes Gepräge.

Innerhalb der katholischen Minderheit der Lausitzer Sorben werden alte Bräuche besonders gepflegt; dies ist jedoch für den Besucher kaum mitzuerleben. Der bekannteste Brauch jedoch - das Osterreiten - zieht Jahr für Jahr viele Schaulustige an. Jeweils benachbarte Kirchspiele tauschen am Ostersonntag lange Reiterzüge aus, festlich gekleidete Herren in Frack und Zylinder reiten ins Nachbardorf. Dort wird unter dem Gesang kirchlicher Lieder der Kirchhof dreimal zu Pferde umrundet. Danach zerstreuen sich die Osterreiter, sie sind der alten Sitte folgend auf den Gehöften des Dorfes zum Kaffeetrinken geladen, ehe sie wieder aufbrechen. Die Prozessionen zu Pferde sind ein beeindruckendes Ereignis; es gibt Kirchspiele, die über hundert Reiter aufbieten.

Wo der Wassermann wohnt - die Tauchgewässer in der Oberlausitz

In alten Büchern ist die Sage vom Wassermann und dem Bär zu lesen: "In der Schliefermühle am Silberbache bei Bischofswerda hatte früher der Wassermann aus dem gar nicht weit entfernten Pohlhansteiche seinen Unterschlupf. Als er sich dort einst wieder Fische in einem Kessel kochte, an einem Tage, wo gerade ein Bärenführer mit seinem starken Tiere dort zu Gaste weilte, talpte der Bär mit seiner ungefügen Tatze in den Kochtopf, um sich einen Anteil an der Mahlzeit zu holen. Entrüstet schlug ihn der Wassermann mit seinem Rührlöffel auf die Tatzen; der Bär aber, nicht faul, versetzte ihm ein paar tüchtige Ohrfeigen, so daß der Wassermann schleunigst das Weite suchte. Diese grobe Behandlung hatte ihn aber so verdrossen, daß er von da an seinen Wohnsitz nach dem Schwarzteiche bei Birkenroda verlegte."

Wir wissen nicht genau, wie oft sich der Wassermann noch hat prügeln müssen, um darauf den feuchten Wohnsitz zu wechseln. Jedenfalls scheint heute die Oberlausitz die Wahlheimat einer neuen Generation Wassermänner geworden zu sein, die aus beruflichen Gründen nur noch zeitweise im Wasser wohnen. Der größere Teil der sächsischen Tauchgewässer befindet sich in der Oberlausitz. Während die zahlreichen Fließe und Fischteiche zum Tauchen wenig taugen, sind durch das Brechen von Werksteinen viele Steinbruchseen von überraschender Transparenz entstanden. Speziell der Lausitzer Granitbergbau hat hundert oder mehr Steinbruchkessel hinterlassen, die sich langsam mit Wasser füll(t)en. So hat sich im Selbstlauf eine großartige Landschaft von Sekundärgewässern ausgebildet. Die Natur erobert die felsigen Seen zurück. Der biologisch Interessierte kann durch den Besuch mehrerer Steinbruchseen die Renaturierung von Gewässern in verschiedenen Entwicklungsstufen studieren. Am Anfang steht ein glasklarer, kräftig saurer und völlig oligotropher See. Durch den Eintrag von Biomasse (Laub, Holz, Exkremente und ähnliches) verändert sich der Charakter des Wassers langsam. Bei pH-Werten um 4 lassen sich bereits Algenformationen, Libellenlarven, Wasserkäfer und Köcherfliegenlarven beobachten. Etwa ab pH-Wert 4,5 - 4,8 werden - ziemlich sicher durch Wasservögel - erste Pionierarten der Fische eingeschleppt. Schließlich gibt es auf nahezu jedem Steinbruchsee ein oder zwei Wildentenbrutpaare, die auch zu anderen Gewässern ausfliegen. Nach langjährigen Beobachtungen beginnen Flußbarsch und Moderlieschen damit, ein Gewässer "bewohnbar" zu machen.

Von diesem Zeitpunkt an geht es steil bergauf, bald schon ist ein "richtiger See" mit Laichkräutern, Hornkraut, Schilf und Seerosen entstanden, in dem sich zahlreiche Fischarten tummeln. Mit ansteigender Trophie (Nährstoffgehalt des Wassers) ist aber oft ein für den Taucher betrübliches Phänomen verbunden - die Abnahme der horizontalen Sichtweite zu bestimmten Zeiten des Jahres. Die insge-

Seite 72: **Im Urzoo Kleinwelka.**
Seite 73 oben: **Die Osterreiter - Prozession zu Pferde.**
Seite 73 unten: **Typisches Umgebindehaus der Westlausitz.(Fotos: F. Wieland)**

Anabolia - Köcherfliegenlarve.

samt saure Tendenz bei pH-Werten um 6.0 sichert aber nahezu ganzjährig Fotosichtweiten im Gebiet.

Eine den Steinbruchseen ganz ähnliche Entwicklung vom nährstoffarmen stark sauren Bergbaurestloch zu einem langsam “vollständiger” werdenden aquatischen Biotop nehmen die wenigen betauchbaren ehemaligen Kohlegruben der Region.

Die Lausitz ist ein einzigartiges Studienobjekt für limnologisch Interessierte. Hier lassen sich alle Stadien der Entwicklung zum komplexen Ökosystem See verfolgen beziehungsweise nebeneinander antreffen. Nicht umsonst ist Dresden neben Leipzig eine der Hochburgen der ostdeutschen UW-Fotografie.

1. Der Senftenberger See

Der Senftenberger See ist eines der geradezu gigantischen Restlöcher des Lausitzer Braunkohlentagebaus. Nach 26 Jahren Betrieb wurde am 15.11. 67 der Tagebau Niemtsch geflutet. Das überdimensionale Becken dient auch wasserwirtschaftlichen Zwecken, über Wehre und Schieber kann der Senftenberger See bei Hochwasser der Schwarzen Elster als Auffangbecken dienen.

Trotz der kilometerlangen Ufer ist nur ein Teilbereich des Sees zum Tauchen interessant. Dazu fahren Sie am besten von Senftenberg über Niemtsch an den südlichen Strand des sogenannten “Südsees”.

Das Südbecken hat strahlendblaues, glasklares Wasser. Allerdings fehlen Fische in diesem Seeteil völlig. Die Einleitung von Grubenwässeren aus noch in Betrieb befindlichen Tagebauen und auch saures Grundwasser aus der eigenen Tagebauvergangenheit machen den Senftenberger See stark sauer.

Dieser Wasserchemismus bewirkt, daß in dem relativ abgetrennten, vom Durchfluß und Wassererneuerung recht abgeschirmten Südsee an Wassertieren nur

Insektenlarven vorkommen. Im Hauptbecken des Senftenberger Sees sollen einige Fischarten leben, vor allem Barsch, Dreistachliger Stichling und Moderlieschen. Hier ist das Wasser wegen des Durchflusses von Ost nach West nicht ganz so sauer, die Sicht liegt bei nur 1-2 Metern!

Der steil abfallende Grund des Südens ist bis in durchlichtete Tiefen mit untergetauchten resistenten Zwiebelbinsen (*Juncus bulbosus*) bedeckt, an anderen Stellen kontrastieren hellgrüne Algen wunderbar zu rostroten Ablagerungen von Eisen-III-Oxid. Nur spärlich wächst das Schwimmende Laichkraut. Der Senftenberger See ist im Südbecken maximal 21 Meter tief und besonders geeignet für Ausbildungsvorhaben oder fotografische Unternehmungen, bei denen mehrere Taucher im Bild gewünscht sind. In Vor- und Nachsaison treten Sichtweiten bis zu 15 Metern auf.

Am Ufer der gegenüberliegenden Insel säumt eine kräftig ausgebildete Schilfkante das Wasser. Die hiesige Schilfart schimmert geheimnisvoll silbrig-grün, vor allem umgebrochene Halme und Blätter mit anhaftenden Luftblasen lassen sich hervorragend für die Komposition von UW-Stilleben verwenden. Unterhalb der Insel, in 4-10 Metern Wassertiefe, stehen aufrecht und gut erhalten noch regelrechte kleine Wäldchen im Wasser. Die dunklen Zweige mit malerischen Algenbehängen kontrastieren aufregend mit dem blaugrünen Wasser und sind das ideale Studio für Gegenlichtaufnahmen mit graphischer Wirkung.

Die Gegebenheiten am Senftenberger See lassen ultrakurze Brennweiten mit Domescheibe als die optimalen Optiken für attraktive Fotos erscheinen.

Vor oder nach dem Tauchen ist eine Schlauchboottour an der Insel entlang zu empfehlen. Die Insel wurde zum Vogelschutzgebiet erklärt, da hier Lachmöwe, Uferschwalbe, Bleßralle, Haubentaucher und noch manch andere Vogelart brüten. Ein Betreten der langgezogenen Insel verbietet sich nicht nur aus Naturschutzgründen, Teilbereiche gelten überdies als noch instabil. Fließrutschungen wie in jedem Bergbaugebiet sind an allen Ufern möglich, die nicht zum Baden freigegeben sind.

Am Südufer des Südbeckens finden Sie die Tauchbasis, die vom Senftenberger Tauchclub und der Action Sport GmbH gemeinsam betrieben wird und nach vorheriger Anmeldung nutzbar ist. Außerdem bietet das Ufer vor der Basis eine auch für den mit allerhand Gerätschaften bepackten Taucher bequeme Einstiegsleiter sowie auf dem Grund eine stufenförmige Ausbildungsplattform für Übungen.

Impressionen aus dem Senftenberger Südsee:

Seite 76 oben: **Die Schilfkante an der Insel.**

Seite 76 unten: **An der großen Ausbildungsplattform der hiesigen Tauchbasis.**

Seite 77 oben: **Grünalgen kontrastieren herrlich zum rotbraunen Grund, der seine Farbe von Eisenhydroxidausfällungen der Grubenwässer hat.**

Seite 77 unten: **Mit Kieselalgen besetzte Zwiebelbinsen. (Fotos: F. Wieland)**

2. Der Knappensee

Fünf Kilometer westlich von Hoyerswerda, direkt an der Bundesstraße 96, umspülen die Wellen des Knappensees ein zerklüftetes, an Schären erinnerndes Ufer. Die ehemalige Braunkohlengrube hat ihren Namen vom Tagebau Knappenrode, zu dem sie früher zählte. Kriegsereignisse führten zur Zerstörung der Schleusen des Schwarzwasserflüßchens, die Grube wurde unbeabsichtigt und rasch geflutet.

Taucher sollten sich einen Parkplatz an der B96 in der Nähe der als "Die Rippen" bezeichneten Inseln und Halbinseln suchen. Zwischen und vor diesen Inseln werden Tauchtiefen von 4 - 10 Metern erreicht. Vorsicht, im Wasser sind auf Grund der nicht absehbaren Flutung der Grube zahlreiche Bäume stehen geblieben! Im nicht sehr transparenten Wasser (beste Sichtweiten bei 4 Metern) sind in erster Linie große Karpfen, Schleien und Aale zu entdecken. Außerdem lebt im Knappensee auch die nachtaktive Quappe. Diese Art ist wichtiger Teil im Spektrum der Raubfische, denn neben ihrer "Lieblingsnahrung" aus Kaulbarsch, Gründling und kleinen Krebsen verzehrt sie auch die von den meisten Fischen verschmähten Libellenlarven.

In dem relativ trüben, durch die Halbinseln völlig vom eigentlichen Knappensee abgetrennten "Rippensee" ist vor allem das der Straße zugewandte Westufer interessant. In den Gelegepflanzen und zwischen im Wasser stehenden Bäumen sind - beinahe unter Garantie - kapitale Schleien anzutreffen. Die braungrünmetallisch schillernden Schleien sind mit keinem unserer Süßwasserfische zu verwechseln. Sie haben winzig kleine, tief in der Haut steckende Schuppen, so daß man bei flüchtiger Betrachtung glauben könnte, einen glatthäutigen Fisch ohne Schuppen vor sich zu haben. Besonders auffällig sind die dunkelbraunen bis schwarzen Flossen der Schleien. Alle Flossenformen sind, im Umriß betrachtet, löffelartig abgerundet. Es gibt keine spitzen Zipfel oder geraden Kanten wie bei den Flossenformen der meisten anderen Fische.

Schleien sind äußerst zäh und kommen mit einem geringen Sauerstoffgehalt im Wasser aus. Deshalb vermögen sie auch in ganz flachen Gewässern zu leben, die im Sommer sehr warm werden. Wie es heißt, überleben winters im Sediment ruhende Schleien sogar das Durchfrieren ihres Gewässers bis auf den Grund.

Quappe oder Rutte.

3. Der Steinbruchsee Eden

Der Name Eden steht in keiner Landkarte. Dresdner Taucher benannten diesen Steinbruchsee seiner mitunter paradiesischen Sichtweiten wegen so. Die Horizontalsicht in dem nur 6 Meter tiefen See, der aus einem Grauwackebruch entstand, kann bis zu 20 Meter betragen, schwankt jedoch jahreszeitlich sehr stark. Riesige Bestände von untergetauchten Wasserbinsen (Seltenheit!) geben im glasklaren, leicht blauen Wasser eine herrliche Kulisse für Landschaftsaufnahmen ab. Hier läßt sich **das** Bild vom Tauchen schießen, vom schwerelosen Schweben in transparenter Umgebung.

Obwohl Sicht und Pflanzenwelt zum Tauchen bei Sonnenschein zu verpflichten scheinen - ein Nachteinstieg ist auch nicht zu verachten! Barsch, Hecht und Schleie lassen sich mit etwas Glück auch bei Tageslicht aufstöbern. Aber es ist schon ein Erlebnis, den Grund nach den absolut nachtaktiven Amerikanischen Zwergwelsen abzusuchen. Die bis zu 40 Zentimetern großen Welse mit den acht Barteln sind scheu, um ein Porträt muß eventuell mehrere Nachteinstiege lang "gerungen" werden. Zwergwelse reagieren sehr unterschiedlich auf Licht. Nur selten bleiben sie - geblendet vom Lichtstrahl - an ihrem Aufenthaltsort. Meist suchen die interessanten Fische ihr Heil in der Flucht - aber sie können auch angreifen! Der Zorn der mutigen kleinen Gesellen richtet sich in erster Linie gegen das Pilotlicht der Kamera, aber

OCEANWAYS - PACIFIC
TEMPERED USA

auch Rammstöße gegen andere glänzende Gegenstände wie Maskenscheibe, Kamerafrontscheibe oder verchromte Bleigurtschnallen kamen schon vor. Die Attacken des kleinen Fisches sind selbstverständlich völlig harmlos, können aber doch verblüffen bis erschrecken.

Nach ein bis vier Rammversuchen pflegt der kleine Recke abzudrehen! Anfahrt zu diesem Lausitzer Kleinod über Kamenz - Oßling. An der Ortsausfahrt von Oßling Richtung Wittichenau gleich nach Erreichen des Waldes links auf Einfahrt Richtung Zeißholz achten. Richtung Zeißholz fahren, Waldfriedhof und Kapelle links liegen lassen, an der nächsten scharfen Rechtskurve verbirgt sich das Gewässer links im Wald.

Seite 80 unten:	**Am Steinbruchsee Eden bei Oßling.**
Seite 81 oben:	**Erlebnistauchen in der Westlausitz.**
Seite 81 unten:	**Der Amerikanische Zwergwels. (Fotos: F. Wieland)**
Seite 82:	**Typisch im Steinbruchsee - nahrungssuchender Edelkrebs zwischen Laub und Sediment**
Seite 83:	**Untergetaucht wachsende Zwiebelbinse.**

4. Der Teufelsberg

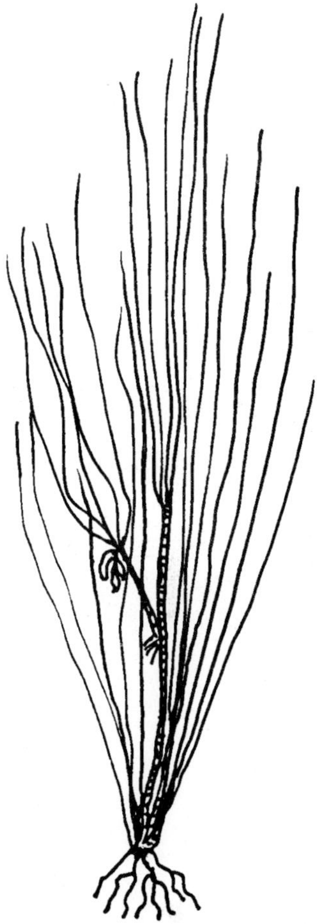

Von Kamenz in Richtung Bernsdorf fahrend, noch vor Erreichen der Ortslage Biehla scharf nach rechts auf einen Fahrweg abbiegen, diesem folgen bis zu einigen Häusern. Diese Siedlung heißt heute Biehla-Anbau. Hinter den Gehöften beginnt der Wald, in dem nach weiteren 100 Metern Fahrstrecke der langgestreckte Teufelsbruch entdeckt wird.

Etwa auf halber Länge des schmalen Gewässers gibt es einen geeigneten Stellplatz für Autos. Der Einstieg gestaltet sich über steile Felsabsätze etwas schwierig. Der Grund des Steinbruches wird von terrassenartigen Absätzen in 4-10 Metern Tiefe gebildet. Etwa in Gewässermitte kann der Taucher den noch liegenden Schienen der Steinbruchloren bis auf etwa 10 Meter Tiefe folgen. Hier bitte Vorsicht, im Teufelsbruch wurden schon mehrfach Panzerfäuste gefunden.

Im Teufelsberg steht Grauwacke an, die teils durch Granodioritklippen durchbrochen wird. Der auflässige Steinbruch hat stark saures Wasser bei pH 4,5. Deshalb leben in diesem Gewässer keine Fische. Neben Schienen, Saugrohren und Loren entdeckt man am Grund auch aus Eisenbahnschwellen gefügte Unterstände des ehemaligen Steinbruchbetriebes, die ungewöhnliche Fotomotive abgeben können.

Der vordere Teil des Steinbruchsees ist flach und moorig, hier gibt es bereits Schilf und Binsen. Tierfotografen sollten sich sogleich für das Makroobjektiv entscheiden. Rückenschwimmer, zahlreiche Wasserkäfer und verschiedene Arten von Köcherfliegenlarven wimmeln in geringen Tiefen und Ufernähe durcheinander. Der aufmerksame Beobachter vermag hier auch die seltene Wasserspinne (*Argyroneta aquatica*) finden.

Diese ist zunächst nur als im Wasser tanzender silberner Punkt zu sehen. Damit hat es folgende Bewandtnis: Die Spinne muß atmosphärische Luft atmen. Deshalb strebt sie etwa alle 15-20 Minuten unter vorsichtigem Beobachten des Umfeldes der Wasseroberfläche zu. Dort vollzieht die Spinne eine Rolle. Durch diese Bewegung haften zahlreiche mitgerissene Luftblasen - bedingt durch Kohäsion und Adhäsion - im dicht behaarten Hinterleib des Tieres. Diese dienen der Luftversorgung des Tieres selber sowie einer oder mehrerer Luftglocken. Die Wasserspinne hat unter

280T
PRAKTICA
280 T

Die Wasserspinne.

Wasser meist mehrere Luftglocken, die dem eigenen Rückzug, dem Aufziehen des Nachwuchses wie auch dem Überwintern unter Eis dienen. Wer dem unruhigen Tier rasch zu nahe kommt, braucht natürlich nicht zu erwarten, daß er zur nächsten Luftglocke geführt wird.

5. Der Vogelberg

An der Ausfallstraße von Kamenz nach Königsbrück gelegen, ist der Vogelberg einer der schönsten Steinbruchseen des Gebietes. Ringsum bewaldet, mit einem

Seite 84 oben:	**Immer wieder ein Erlebnis - der Vogelberg.**
Seite 84 unten:	**Beobachtung der nächtlichen Krötenwanderung.**
Seite 85 oben:	**Krötenhochzeit unter Wasser.**
Seite 85 unten:	**Laichzeit der Hechte - nur ein Sklavenblitz bringt genug Licht ins Flachwasser unter Felsüberhängen. (Fotos: F. Wieland)**

Schilfbestand im vorderen Teil wirkt er beinahe wie naturgeschaffen. Der Vogelberg ist beliebtes Badegewässer der Kamenzer, weshalb Tauchgänge im Frühjahr und Herbst erfolgversprechender als im Hochsommer sind. Oft liegen die Sichtweiten des extrem blauen Wassers um sechs Meter.

Etwa um Ostern ziehen Legionen von Erdkröten zum Vogelberg, um hier zu laichen. Im hintersten Teil, fernab der Straße, kann in dieser Jahreszeit die Krötenhochzeit beobachtet werden. Nahezu gleichzeitig gibt es Gelegenheit, die Hechte bei der Paarung zu "belauschen". Barsch, Rotfeder, Plötze, Schleie und Karpfen sind häufig, aber schwer zu überraschen im klaren Wasser. In sehr warmen Sommern können etwa Mitte August Süßwassermedusen auftreten. Am Grund liegt hier noch allerhand Steinbruchgerät und eventuell Munition.

Die maximale Tiefe wird auf nur geringer Fläche im ehemaligen Pumpensumpf des Bruches bei 14 Metern erreicht. Interessant sind auch geologische Aufschlüsse im Granit. So wurden durch den Steinbruchbetrieb sogenannte Drusen oder Kaulen - scheinbare Quarzeinschlüsse in Grauwacke - geöffnet, die vereinzelt an überfluteten Steilwänden zu sehen sind. Nach neuesten Erkenntnissen steht jedoch fest, daß die genannten Einschlüsse aus Grauwacke mit einem calcitischen Bindemittel bestehen.

6. Der Großenhainer Steinbruchsee

Einen reichlichen "Seitensprung gen Westen", beinahe schon abseits des betrachteten Gebietes, liegt das nächste Tauchgewässer. Über Königsbrück und Thiendorf gelangen Sie nach Großenhain.

Sie verlassen die Stadt in Richtung Priestewitz und biegen vor Ortseingang des Dorfes nach links in einen Feldweg ein. Wenn Sie sich beim Weiterfahren immer konsequent links halten, erreichen Sie in Kürze einen Steinbruchsee, der direkt an der durch Großenhain führenden Bahnstrecke Dresden - Berlin liegt.

Der See ist sofort als der Richtige zu erkennen, denn auffällige malerische Felsnadeln ragen hier und dort über das Wasser, ohne daß man sie schon Inseln nennen könnte. Wer sich mit dem Rücken zur Bahnlinie stellt, kann insbesondere zur Zeit der herbstlichen Laubfärbung ein geradezu romantisches Bild genießen. Der eventuell in der Morgenkühle noch dampfende See, die Felsnadeln, die kleine halb vom bunten Herbstlaub verdeckte Ruine am Hang über dem See verbreiten für den Phantasievollen eine Stimmung, wie sie von manchem Bilde Caspar David Friedrichs ausgeht.

Das Nordbecken des Steinbruchsees ist bis sechs Meter tief. In einer dichten Schilfzone mit vorgelagerten Schwimmblättern verbergen sich große Weißfische und allerhand Karpfen. Einen Unterwasserhang des Gewässers nimmt seltsamerweise eine Halde von Braunkohlenbriketts ein, die aber schon viele Jahre hier ruhen, von spärlichen Algen bedeckt sind und das Leben im See offensichtlich nicht negativ beeinflußt haben.

Am schlammigen Grund sind Schalen wie auch lebende Exemplare sehr großer Teichmuscheln verbreitet. Der Großenhainer Steinbruchsee muß für diese Tiere sehr gute Bedingungen bieten, denn es gibt in Sachsen sicher muschelreichere Gewässer, aber wohl nirgends größere Einzeltiere.

Der Südzipfel des Steinbruchsees ist flach, gut austariert über dem Pflanzenteppich sind wohl nur ein bis anderthalb Meter Tauchtiefe zu erreichen. Neben Barsch- und Plötzenschwärmen stehen hier gewaltige Hechte. Die einsamen Riesen sind oft über einen Meter groß und manchmal schon vom Trockenen aus zu sehen, vor allem, wenn man von weit oben (etwa von der Ruine aus) auf's Gewässer schaut. Freilich muß man einen Blick haben für die blaß-dunklen, meist halb im Kraut steckenden Schatten.

Der Steinbruchsee ist klein, mehr als vier Taucher sollten wohl nicht auf einmal hinfahren. Überdies gilt es jedesmal wieder, sich gütlich mit den manchmal schon übernächtigten Anglern zu einigen, die hier Welsen (!) nachstellen.

7. Die Seen von Wendisch Baselitz

Wenige Kilometer von Kamenz gen Osten erreichen Sie das langgestreckte Dorf Wendisch Baselitz. Hier ist südlich, nach rechts - auf jeden Fall direkt neben

einem markanten sorbisch-katholischen Kruzifix, von der Hauptstraße abzufahren. Nach wenigen zig Metern Straße beginnen Feldwege.

Der unmittelbar hinter dem Dorf liegende Steinbruch muß leider manches sperrige Stück Hausrat schlucken, dennoch sind im klaren Wasser beachtliche Karpfen und Hechte zu bewundern.

Der zum Tauchen empfehlenswertere namenlose Kesselbruch im Granodiorit liegt einige hundert Meter Feldweg abseits rechter Hand. An diesem Bruch ist es ein Kletterkunststück, die wenigen, aber steilen Meter zur Wasseroberfläche zurückzulegen. Recht klares Wasser belohnt zumindest im Spätherbst und Frühjahr die Mühe.

Quer durch den Bruch hängt ein Stahlseil der ehemals gewaltigen Seilbahnen. Das Seil ist noch beidseitig fest und in der Mitte der Wasserfläche etwa einen Meter unter Wasser. Das rostige Drahtseil ist ob seines bizarren Algenbewuchses beinahe nicht mehr als solches zu erkennen. Am Grunde liegen weitere stählerne Relikte des Bergbaus.

Insbesondere zwischen gefluteten Gehölzen stehen hier große, wegen der relativen Nährstoffarmut aber schlanke Karpfen. Barsche, Moderlieschen und schmalrückige Giebel bevölkern die Steilwände des alten Steinbruchs.

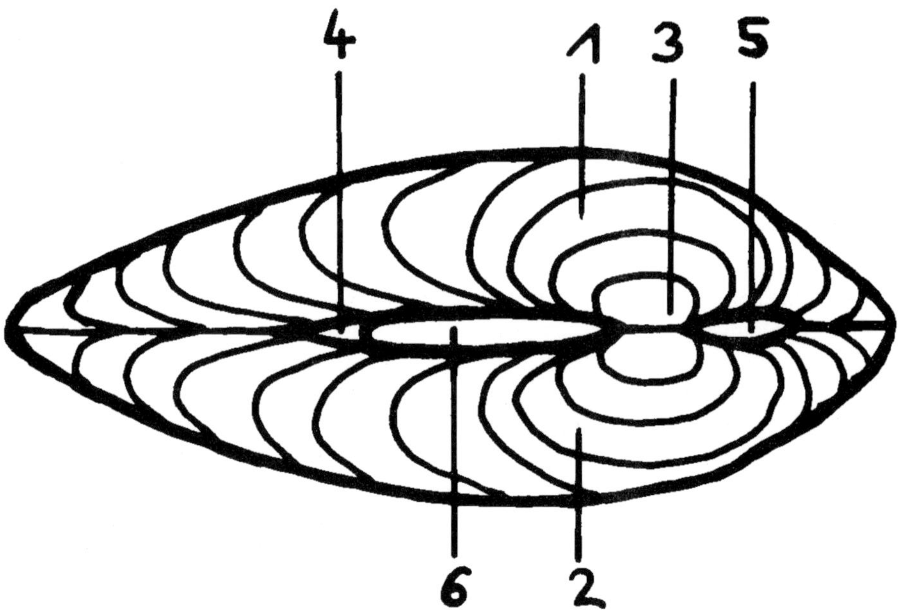

Die Teichmuschel: **1-linke Schale, 2-rechte Schale, 3-Wirbel, 4-Schild, 5-Schildchen, 6-Schloßband (Ligament).**

8. Horka

In Horka sollte man gewesen sein. Ein riesiger Felskessel, umgeben von wilden Geröllhalden, Felsplateaus und bizarren Granittürmchen liegt im Grünen. Tief unten ist herrlich blaues Wasser zu sehen. Der Steinbruchsee von Horka ist eines der grandiosesten Sekundärgewässer, das der Bergbau zurückgelassen hat. Immerhin werden in der näheren Umgebung von Horka seit 1812 Steine gebrochen. Der Steinbruchsee Horka diente unter anderm als Naturkulisse für den abendfüllenden Spielfilm über Krabat. Wer von Krabat noch nie gehört oder gelesen hat, möge sich diese literarische Figur als den Dr. Faust des sorbischen Volkes vorstellen.

Nur an einer Stelle ist das Herabklettern zum Wasser ungefährlich. Hier empfehlen sich ortskundige Führer (zum Beispiel Tauchschule Dresden), um Unfälle zu vermeiden. Die beste Variante für Taucheinstiege besteht darin, Kameras, Flaschen und Bleigurte vorher ans Wasser zu bringen und im "zweiten Anlauf" im bereits angelegten Anzug relativ unbelastet nach unten zu steigen. Hier ist nicht nur das Tauchen ein Erlebnis, die gigantische Felskulisse allein lohnt dem begeisterten Naturfotografen alle Mühen.

Seite 88: **Ruhender Spiegelkarpfen.**
Seite 89: **Phryganea-Köcherfliegenlarve. (Fotos: F. Wieland)**

Im Horkaer Steinbruchsee herrschen ganzjährig Fotosichtweiten, die vom Eisaufbruch bis Juni sogar Spitzenwerte von 15-20 Metern erreichen können. Vollformatiges Fischeye oder 15 mm - Objektiv seien dem empfohlen, der erstmalig den gewaltigen Raum des Horkaer Sees auf den Film bannen will. Fotobegeisterte Modelle, möglichst mehrere, machen hier die Bildgestaltung interessant. Es ist schon eine wunderbare Sache, auch vom tiefsten Punkt aus (19 Meter) noch jede Kräuselwelle an der Oberfläche zu sehen.

Weitere Fotokulissen sind ein auf mehr als zehn Meter Tiefe stehendes Pumpenhaus unterhalb der noch sichtbaren Entwässerungsleitung des Ex-Steinbruches und beinahe weihnachtlich wirkende algenbehangene Nadelbäume, die aufrecht stehend im Wasser versanken. Tierfotografen finden Schleien und Karpfen, auf Grund der Sichtweiten ist jedoch eine Annäherung schwierig. Geduld und 100er Makrotele versprechen Erfolg.

Das schönste jedoch ist die Bucht. Wer meint, schon nahezu den ganzen See erkundet zu haben, wird ganz zuletzt, gegenüber der Einstiegsstelle, einen flach auslaufenden Felseinschnitt entdecken. Immer wieder muß großes Blockwerk umschwommen werden, jeder Meter eröffnet neue Perspektiven. In diesem relativ flachen Gewässerteil wurzeln auch die spärlichen Bestände an höheren Wasserpflanzen.

Die schnellste Anfahrt über wenig befahrene gute Landstraßen ist (ab Dresden) über Weißig - Bischofswerda - Uhyst - Crostwitz zu empfehlen. Nach Crostwitz ist in Richtung Königswarta weiterzufahren, schon nach wenigen Kilometern wird rechts der Abzweig zum Dorf Horka sichtbar werden.

9. Luise II

Von Pulsnitz nach Kamenz fahrend, biegt man in Ortslage Gersdorf nach links in Richtung Bischheim-Häslich ab. Das langgezogene Dorf wird auf der Hauptstraße Richtung Reichenbach nahezu ganz durchfahren. Im Ortsteil Häslich nach rechts abbiegen auf die Bergstraße, selbiger folgen am Gasthof Häslich vorbei, bis rechts Werksgebäude eines Steinbruches auf übermannshohen Natursteinfundamenten erscheinen. Nach links auf einem Feldweg abwärts fahren. Nach etwa 200 Metern wird die Einfahrt zum Steinbruch Luise II erreicht. Der Fahrweg bis unmittelbar ans Wasser ist durch aufgeschüttete Granitblöcke versperrt, um das Wasser zu schützen. Die Gerätschaften müssen ca. 50 Meter getragen werden, dafür ist die Einstiegsstelle ohne jede Kletterei.

Der Steinbruchsee Luise II ist sehr geeignet für Gruppen- und Familienunternehmungen, da er am Einstieg einen relativ großen Flachwasserbereich bietet, in dem Kinder ungefährdet spielen können und leicht zu beaufsichtigen sind. Rechts neben dem Einstieg lassen sich Erlebnis-Schlauchboottouren für die Klein-

sten veranstalten, in einem winzigen, teils versunkenen Wald sind zahlreiche Wildenten zu beobachten.

Für die Taucher geht es nach dem weiträumigen Flachwasserbereich steil bergab, Tiefen über 20 Meter werden erreicht. Gewaltige Steilwände sind unter Wasser zu erkunden, doch Vorsicht - sehr porös! In zahlreichen versunkenen Bäumen spielen Jungfischschwärme, die geringen Wassertiefen nahe den versunkenen Bäumen erlauben gute Positionen für Halb und Halb-Aufnahmen. Das am zahlreichsten vertretene Tier scheint der Deutsche Edelkrebs zu sein, auf engstem Raum lassen sich viele Tiere dieser Art bei allen Verhaltensweisen wie Verteidigung ihres Terrains, Bau beziehungsweise Ausbau von Wohnröhren, Zerlegen toter Fische und ähnlichem beobachten.

Wer aufmerksam die Gegend durchstreift, wird hier weitere Steinbruchseen ausmachen. Diese sind jedoch relativ unzugänglich oder wegen früherer Verwendung als Altreifendeponie zum Tauchen nicht geeignet.

10. Die Prelle

Diesen Steinbruchsee erreichen Sie ähnlich der "Luise II". Sie fahren über die Bergstraße bis auf Höhe des Gasthofes Häslich. Hier jedoch nicht weiter bergan, sondern rechts abbiegen.

Linkerhand sehen Sie dann buschbewachsenes Ödland, in das Fahrwege führen. Sie können an dieser Stelle noch weit den Berghang hinauf fahren, um später die Tauchausrüstung nicht so weit schleppen zu müssen. Auf einem Erkundungsrundgang werden Sie tief unten einen mit azurblauem Wasser gefüllten Felskessel sehen, der recht klar erscheint.

Wie sich beim Tauchen erweist, ist das oberflächennahe Wasser gar nicht so klar, oft herrschen hier nur 2-4 Meter Sicht. Wenn Sie tiefer absteigen, setzt irgendwo bei 8 - 15 Metern Tiefe eine erstaunlich klare Grundsicht ein, die begeistern kann. Auch bei 30 Metern Tiefe ist es in der Prelle noch geradezu tückisch hell, die schnell zunehmende Tiefe wird dem Taucher auf Grund der für Süßwasser ungewöhnlichen Helligkeit nicht so sehr bewußt. Die größte Tiefe wird bei 42 Metern erreicht. Der Steinbruchsee Prelle sei nur erfahrenen Tauchern empfohlen, da es in diesem Gewässer bereits einen tödlichen Unfall gab. Wählen Sie zuverlässige Tauchpartner!

Der Fischbestand in diesem Steinbruchsee ist sehr gering. Sehenswert ist eine riesige, über zig Quadratmeter Fels verlaufende Ansiedlung von Süßwasserpolypen an der Nordwand.

Seite 92 oben:	**Lausitzer Landschaft bei Horka.**
Seite 92 unten:	**Der malerische Steinbruchsee von Horka.**
Seite 93:	**Faszination Steinbruchsee. (Fotos: S. Reul (1), F. Wieland (3))**

11. Die Aktie

Der Fahrweg zur Aktie beginnt am westlichen Ortsausgang von Bischheim-Häslich. Hier läßt man sich am besten von Einheimischen den nicht beschilderten Landsteg zum Mühlberg und zum Steinbruchgebiet Aktie (die Einheimischen sagen Aksche) zeigen. Er zweigt genau gegenüber der Einfahrt zur Bergstraße (Richtung Steinbruchseen Luise und Prelle) ab. Steil bergan fahrend wird eine Fernsehumsetzerstation erreicht (Vollautomatisch - kein Mensch dort!). Hier Tauchausrüstung anlegen. Der Steinbruchsee ist bereits einzusehen. Etwa gegenüber ist eine etwa 15 Meter lange Stahlleiter - der einzige Einstieg in den Aktie-See - im Fels einbetoniert. Rechts herum den Pfad benutzen!

Alle Wände fallen nahezu senkrecht ab, Tiefen bis 30 Meter sind möglich. Anfang Mai läßt sich hier besonders gut die Barschlaichzeit beobachten. Riesige strukturierte Laichbänder hängen in überfluteten Althölzern, die auf ehemals trokkenen winzigen Absätzen der Steinbruchwand wuchsen. Karausche, Giebel und Rotfeder kommen vor. Bemerkenswert sind riesige, silbrig funkelnde Moderlieschenschwärme, die sich für Aufnahmen mit Tauchpartner die senkrechten Wände entlang und auch in enge Ecken treiben lassen, weil sie immer in Oberflächennähe und nie ins tiefe Wasser fliehen. Im August kann die Horizontalsicht um 8 Meter liegen. Mit Weitwinkelobjektiven hinter Domescheiben lassen sich stimmungsvolle Naturbetrachtungen einfangen.

Der Giebel

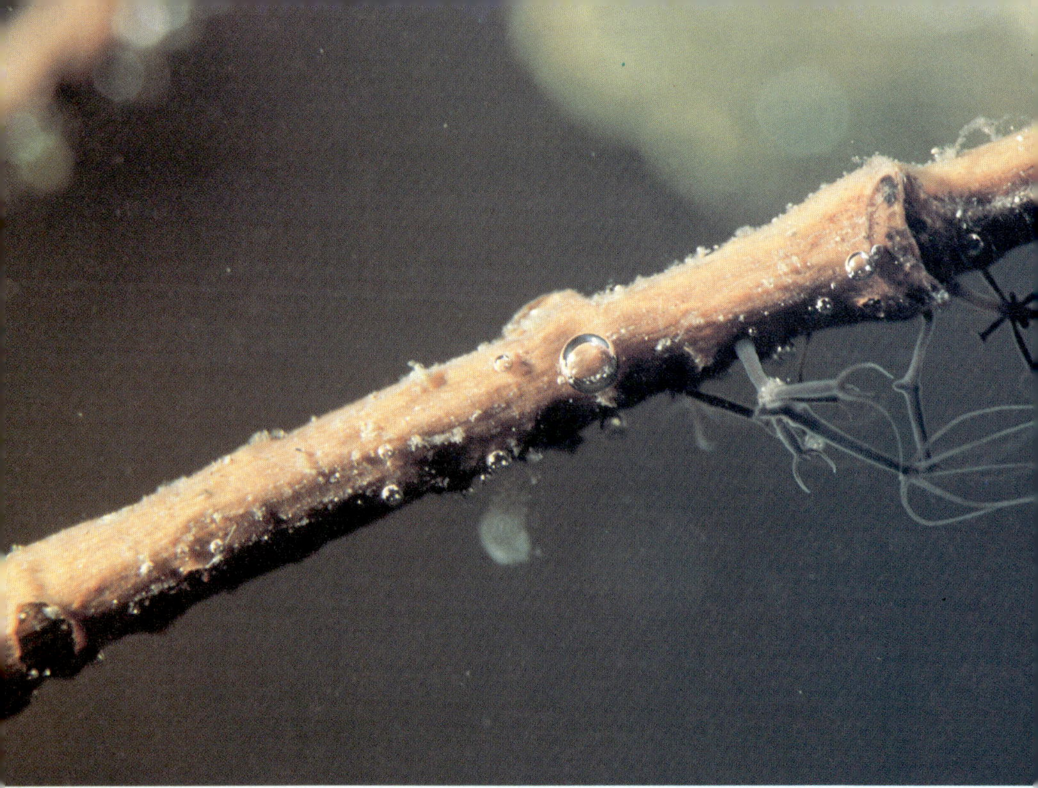

Unterhalb des Parkplatzes bilden sich gelegentlich beeindruckende Algenvorhänge. Der Aktiesee hat fast ganzjährig 4 - 6 Meter Sicht, Ende Mai bis Anfang Juli kann sie auf 10 - 15 Meter steigen. Dann lassen sich märchenhafte Durchsichten auf den Film bannen: Im Fels blühen erst der Ginster und später dichte Lupinenbestände, die sich farbig über Felskanten neigen und die imposant ins Bild "stürzende" Wand schmücken.

12. Die Blaue Grotte

Wer an der Leiter zum Aktiesee vorbeigeht, erreicht dem Pfad folgend bald den nächsten kesselartigen Steinbruchsee. Hier sind die Wände nicht so hoch, die Blaue Grotte erscheint nicht so düster wie die nahegelegene Aktie.

Auch hier ist eine - etwas kürzere - Stahlleiter der einzige Zugang. Das Wasser macht in der Draufsicht einen hellblauen Eindruck - oft sind in geringen Tiefen zahllose dunkle Rücken von größeren Fischen zu sehen. Neben Moderlieschen, Karausche, Barsch, Blei und Hecht kommen hier auch Karpfen vor. Es handelt sich hierbei um kleine schwarze Lederkarpfen, die im leicht sauren nährstoffarmen Steinbruchwasser nur ein geringes Nahrungsangebot haben. Sie bleiben klein, wendig und scheu, lassen sich aber mit einiger Geduld anfüttern. Einzelne Kapfen zeigen ein biologisch interessantes Verhalten: Ihre Scheu ist größer als ihr Wärmebedürfnis, sie tauchen im transparenten Wasser unter die Temperatursprungschicht ab. Diesen Aufenthalt unter temperaturbedingt vermindertem Stoffwechsel verlassen sie nur zeitweise, um zu fressen und sich zu sonnen. Aus diesem Grunde kann der Taucher in Tiefen um zehn Meter kapitale Einzeltiere antreffen, obwohl die Mehrzahl der Karpfen wie erwähnt kleinwüchsig ist. Zur Blauen Grotte könnte man vom Dorf Bischheim-Häslich auch über die Straße "Am Mühlberg" gelangen - aber dieser Tip ist nur für die Fahrer von Geländewagen gedacht!

13. Der Hausstein

Erst im Jahre 1972 wurde im Hausstein, dem letzten noch in Betrieb befindlichen Granodioritbruch Obersteinas, der Abbau eingestellt. Der nach dem Berg Hausstein benannte Steinbruchsee weist eine relativ geringe Planktonproduktion auf und bietet nahezu ganzjährig 4 - 6 Meter Horizontalsicht. Mit einer Maximaltiefe

Seite 96 oben: **Kolonie von Süßwasserpolypen.**
Seite 96 unten: **Der in der Westlausitz häufige Edelkrebs.**
Seite 97 oben: **Tauchschulbetrieb im Hausstein bei Steina.**
Seite 97 unten: **Das alljährliche Eistauchen der Tauchschule Dresden in ihrem Steinaer Gewässer. (Fotos: F. Wieland (3), S. Reul (1))**

von 29,5 Metern ist dieser See sehr geeignet für Gruppenunternehmungen und Ausbildungsvorhaben. Die ansässige Tauchschule Dresden bietet Flaschenfüllungen, einfache Übernachtungsmöglichkeiten (etwa Niveau Wanderunterkünfte oder Jugendherbergen) und Exkursionen im gesamten Lausitzer Gebiet an. Im See ist auf rund 8 Metern Tiefe eine Ausbildungsplattform installiert. Im Winter findet ein reger Eistauchbetrieb statt.

Der Fotograf vermag auch in diesem See Barsche, Schleien, Karauschen, Gründlinge, Karpfen, Edelkrebse und sogar Regenbogenforellen zu finden. Eine Besonderheit ist noch erwähnenswert: links der einzigen Einstiegsstelle gibt es unterhalb zehn Meter Tiefe 1-1,5 Meter breite Felsüberhänge. Die auf diesen Felspartien haftenden Fadenalgen bilden überdimensionale Vorhänge, so daß zwischen Fels und Algenmatte ein dämmriger Gang entsteht. In diesen Tunneln sind interessante Aufnahmen - insbesondere mit Sklavenblitz - möglich. Natürlich gilt es zu beachten, daß ein einziger falscher Flossenschlag die Algengebilde in wirbelnde Bewegungen versetzen kann und somit korrektes Tarieren äußerst wichtig ist.

Anfahrt über Radeberg - Pulsnitz - Steina. Bitte beachten Sie, daß der Steinbruchsee Hausstein durch die Tauchschule Dresden gepachtet wurde. Tauchvorhaben erfordern eine Anmeldung und sind kostenpflichtig.

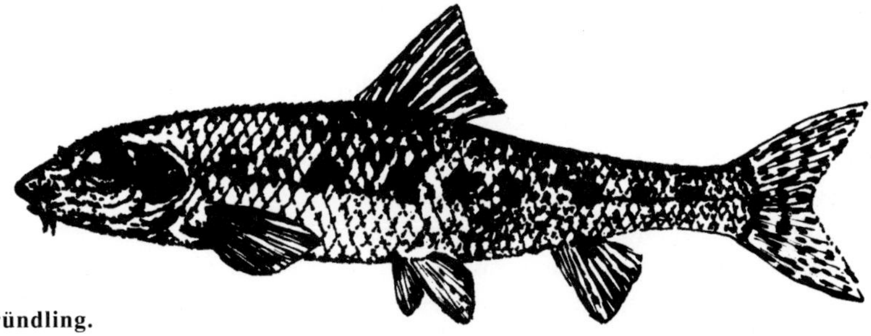

Der Gründling.

14. Der Burgstall

Anfahrt über Pulsnitz - Steina. Am Ortsausgang Obersteina rechte Seite der Straßengabelung wählen, steil bergan an einzelnen Bauerngehöften vorbei Richtung Rehnsdorf fahren. Kurz nach Erreichen des Waldrandes rechts auf gepflasterte Einfahrt achten. An einem Baum ist die Wandermarkierung "Zum Burgstall" angebracht. Diesen Weg aufwärts fahren bis zu einer eventuell verschlossenen Schranke. Bevor ab der Schranke die Tauchausrüstung eine lohnende Strecke bergauf getragen werden muß, sollte man sich während eines erkundenden Spazierganges von der aktuellen Sichttiefe überzeugen.

Von der Ruine am Steinbruchsee sind durch einen engen Taleinschnitt nur wenige Meter zu laufen. Dann liegt wiederum ein tolles Panorama vor dem Besucher, ein im tiefen Wald verborgener Bergsee. Das Wasser erscheint mehr bräunlich, ein artenreiches Plankton ist die Ursache. Die Sichtweiten liegen an der Oberfläche bei 3-4 Meter, im Sommer zur Zeit der Algenblüte um 1 Meter. Hier empfiehlt sich das Tauchen in dem tiefen imposanten Felskessel des Burgstalls, unterhalb der Sprungschicht kann man (mit starkem Scheinwerfer bewaffnet) glasklare Grundsicht genießen.

Im flachen Wasser ist die "Fotojagd" lohnend, Rotfeder, Hecht, Plötze und Karpfen lassen sich in schattigen Winkeln porträtieren. Das Bemerkenswerte zeigt sich jedoch gleich am Einstieg: riesenhafte, schön gefärbte Gründlinge. Diese Art muß im Burgstall besonders günstige Bedingungen vorfinden, gekescherte Exemplare waren bis zu 24 Zentimeter groß, obwohl Bestimmungsbücher den Gründlingen nur eine Maximallänge von 20 Zentimetern einräumen. Auch die charakteristische Färbung der Seiten, violette bis blaue Flecken mit gelblichen Andeutungen, scheint hier intensiver als anderswo. Ein scheuer Fisch für das 100er Makroobjektiv, der mit zwei herabhängenden Bartfäden am Maul traurig-gelangweilt in die Linse zu blicken scheint.

15. Das Lehmloch

Der Steinbruchsee mit dem wenig einladenden Namen hat ein mehr ins Grüne tendierendes Wasser, aber dennoch Sichtweiten von 4 - 6 Metern. Ebenfalls ein Überbleibsel des Granodioritabbaus, enthält er selbstverständlich keinen Lehm. Das fast kreisrunde Gewässer ist von Sporttauchern wohl in zwanzig Minuten zu umschwimmen, könnte aber Tierfotografen stundenlang beschäftigen. Barsch, Plötze, Blei, Hecht, Gründling und Karausche sind reichlich vertreten. Sie pflegen sich in den Wasserwurzeln von Schwarzerlenbeständen zu verstecken. Aber noch kleinere Fische sind die Besonderheit dieses Steinbruchsees. Nicht nur Moderlieschen, sondern auch die durch die Gewässereutrophierung weitgehend ausgerottete Elritze kann der aufmerksame Beobachter hier erspähen. Im planktonreichen Wasser sollten das 50- mm-Makroobjektiv oder eine ähnliche Brennweite mit Vorsatzlinse bevorzugt werden. Einmal in diesem Brennweitenbereich, bieten sich weitere "sonderbare" Fotoobjekte. Hellgrüne, kastaniengroße Bällchen haften in geringen Tiefen an Wurzeln und Stengeln. Diese äußerst fotogenen, interessanten Gebilde sind Wimperntierchenkolonien, die auch nicht gerade in jedem See zu beobachten sind.

Ein Tip am Rande: Fotoarbeiten in der Nähe äußerst scheuer Tiere machen sich am besten mit dem antiquierten Zweischlauchregler, der die Ausatemluft nicht

Seite 101: **Im Steinbruchsee eine Besonderheit - der Aal. (Foto: F. Wieland)**

in Kameranähe, sondern hinter dem Kopf nach oben entläßt! (Im Handel nur noch zwei oder drei Modelle!)

Anreise über Bischofswerda - Ortsdurchfahrt Richtung Bautzen - nach wenigen Kilometern Abzweig rechts nach Demitz-Thumitz. Die Einfahrt zum Steinbruchsee geht mitten in Ortslage ab, Einheimische geben gern Auskunft.

16. Die Ratschke

Wer über Dresden - Rossendorf - Bischofswerda bis nach Schmölln gefahren ist, dem wird kein Hinweisschild den Weg zum Steinbruchsee Ratschke anzeigen. Am besten Schmölln Richtung Demitz-Thumitz durchqueren und kurz vor Ortsausgang rechts steil bergan fahren. Hier möglichst nach dem Steinbruchsee Ratschke fragen.

Wenn Sie im Wald eine rostige Schranke erreichen, die ein Tauchkamerad für die durchfahrenden Autos hochhalten kann, sind Sie richtig. Noch 200 Meter Weg, und die Ratschke ist erreicht.

Die Wagen können wenige Meter vom Einstieg geparkt werden. Bequem gestaltet sich auch der Einstieg, man kann gemütlich am Gewässerrand sitzen. In der

Ratschke sind Hecht, Barsch, Plötze, Blei, Schleie, Karausche und Gründling anzutreffen. Eine Besonderheit dieses Sees sind große Aale. Da jede Verbindung zum Gewässernetz fehlt, haben hier wohl schon vor Jahren die Sportfreunde vom Anglerverband nachgeholfen.

Auch Schleien sind charakteristische Fische der Steinbruchrestlöcher. Sie können jedoch in mehreren Körpermerkmalen deutlich von den "normalen Schleien" der Binnenseen abweichen. Die Lebensbedingungen in den leicht sauren, nährstoffarmen und transparenten Steinbruchseen unterscheiden sich so stark von den gewohnten Lebensansprüchen dieser Art, das es nach wenigen Generationen zu einer scharfen Auslese bestimmter Typen kommt.

Eine Kuriosität der Ratschke sind große Laubhalden, die sich auf nur wenig geneigten schrägen Felsen bilden. Vorsichtiges Schwimmen über eine solche Halde und langsames Ablassen des Tariersystems kann einen geschickten Tauchpartner erst bis zu den Knien, dann bis zur Hüfte, ja schließlich bis zum Hals im Laub stecken lassen. Bei guter Sicht eine Gelegenheit für Fotospäße - auch das plötzliche Abwärtsfahren in einer Laub & Mulmwolke ist möglich und ungefährlich.

17. Die Große Pulpritz

Bis zum Verlassen des Ortes Schmölln ist die Anfahrt exakt dieselbe wie zum Steinbruchsee Ratschke. Während letzterer Steinbruchsee links der erreichten Waldwegegabelung liegt, muß man sich Richtung Große Pulpritz mehr rechts halten. Über Fahrwege, die ein Auto mit großer Bodenfreiheit oder Geländewagen erfordern, wird der See erreicht. Doch das entschädigt für alle Mühen.

Schon rein äußerlich könnte die Große Pulpritz als Kulisse für jeden Karl-May-Film dienen, ganz und gar Bergseestimmung! Vom Steinbruchbetrieb ist kaum noch etwas zu ahnen.

In dieser schwer zugänglichen Gegend hat sich eine lebensfähige große Population von Deutschen Edelkrebsen erhalten. Die großen Krustentiere sind die eigentliche Attraktion dieses Tauchgewässers, obwohl es auch nicht an Fischen mangelt.

Die größten Exemplare der Edelkrebse werden von Scherenspitze zu Schwanzspitze gemessen bis zu 25 Zentimeter lang und 250 Gramm schwer. Ihre imposanten Scheren haben rote Partien, die Augen sind blau! Freunde dieser Tierart werden nicht gerade Film sparen. Die Edelkrebse, die im vorigen Jahrhundert von der sich über die Fließgewässersysteme ausbreitenden Krebspest (Fadenpilz Aphanomyces astaci) nahezu ausgerottet wurden, haben hier ein sicheres Rückzugsgebiet. Der Steinbruchsee liegt im tiefen Wald und wird nur vom Grundwasser gespeist. Krebse sind geduldige Fotomodelle, vor allem nachts. Bitte keine Tiere entnehmen, es ist mehr als unwahrscheinlich, daß sie einen Wechsel in ein anderes Wasser überleben!

Die Ratschke und die Große Pulpritz sind nur zwei von insgesamt 7 Seen im Bereich des Klosterberges, die sich zum Tauchen eignen.

18. Der Tröbigauer Berg

Von Bischofswerda über Schmölln fahren Sie bis ins winzige Dorf Tröbigau. Gleich am Ortseingange geht es steil nach oben zum Tröbigauer Berg. Am Waldrand entlang fahrend erreichen Sie einen Taleinschnitt, in dem Autos stehen bleiben müssen.

Beim Rundgang im Terrain finden Sie zwei wunderschöne Steinbruchseen vor. Diese Seen sind nur durch einen schmalen Felssattel getrennt und haben dennoch dauerhaft um mehrere Meter verschiedene Wasserstände. Der höhergelegene See ist klarer. Mit seiner Halbinsel und der bewaldeten Umgebung dürfte dieses Gewässer tauchende Romantiker besonders ansprechen. Im See leben die "Pionierarten" Barsch und Moderlieschen in kleinen Schwärmen.

19. Der Olbasee

Zur Olba - wie die Einheimischen sagen - reist man an besten über Dresden - Bischowswerda - Bautzen bis Ortslage Kleinsaubernitz. Hier ist die Anfahrt zum Campingplatz an der Olba ausgeschildert.

Das Gewässer ist ein ehemaliger Braunkohlentagebau von etwa 1 km Länge und 550 Metern Breite. Der Grund hat zahlreiche Rinnen, Gräben und Vertiefungen, Maximaltiefen um 33 Meter werden erreicht. In der Mitte des Sees liegt eine Insel, auf der zahlreiche Vögel nisten (Vogelschutzgebiet!). Wer in der bewaldeten menschenleeren Insel ein Paradies für Liebespaare vermutet, muß zumindest im Hochsommer über einen guten Mückenspray verfügen.

Um die Insel sind bisweilen am Gewässerboden noch Stollenansätze aus der Bergbauzeit zu sehen. Diese liegen jedoch nahezu auf Maximaltiefe und sollten bestenfalls als fotografischer Hintergrund dienen - ein Betauchen verbietet sich hier. Die Gangreste liegen in lockerem Boden ohne jede Stützung durch felsige Partien.

Das Wasser der Olba ist - bedingt durch die früher hier gewonnene schweflige Kohle - sehr sauer (bei pH-Werten um 3,8-4,1). Ungeschütze Bleigewichte "erblassen" durch Salzbildung sehr schnell. Dieser Wasserchemismus bietet nur Insektenlarven ein geeignetes Biotop, Fische kommen nicht vor. Zahlreiche versunkene Bäume, ein fast geschlossener Schilfgürtel und Sichtweiten von je nach Jahreszeit 4-12 Metern bieten dem Fotografen, der mit Tauchpartnern Bilder gestalten will, ausgezeichnete Bedingungen.

Während man an den Lausitzer Steinbruchseen nahezu allein ist, treffen sich am Olbasee alle Arten Wassersportler zum Surfen, Segeln, Rudern und Tauchen. Es geht kameradschaftlich zu.

Die Olba ist Trainingsgewässer einiger Tauchclubs, die sich dem Orientierungstauchen verschrieben haben. Zahlreiche OT-Pokale Sachsens werden hier ausgetragen. Obwohl noch keine feste Füllstation besteht, wird man oft laufende Kompressoren vorfinden.

Nichts erinnert mehr an eine Braunkohlengrube. Wenn der Abend kommt, raschelt der Wind sanft im Schilf und die Sonne geht blutrot über der bewaldeten Insel unter. Dann hat die Olba ein ganz besonderes Flair.

20. Die Blaue Adria

Nahe beim Dorfe Großdubrau erstreckt sich die Wasserfläche der Blauen Adria. Das Wasser der ehemaligen Kaolingrube scheint von Ferne tatsächlich sehr blau. Die Blaue Adria ist das Badegewässer eines anliegenden großen Zeltplatzes und das Tauchen ist nur nach Anmeldung beim Campingplatzleiter gestattet. Die Ufer der alten Grube sind sehr fließrutschungsgefährdet, ein Taucheinstieg gestaltet sich über lange Treppen sehr aufwendig.

Die Blaue Adria bietet keinerlei Möglichkeiten für Unterwasser-Naturbeobachtungen, die Horizontalsicht liegt um einen Meter. Dieses Gewässer ist eher etwas für Schatzsuchernaturen oder Lernende mit Metallsuchgerät: In den letzten Jahren des II. Weltkrieges schlug ein Mustang-Bomber auf der Wasseroberfläche auf und zerbrach in viele Teile. Im Jahre 1991 gelang es Tauchern des Bautzner Tauchclubs e.V., aus etwa 12 Metern Tiefe Motor, Kanzel, einige Fahrwerksteile und weitere Kleinfunde zu heben. Im See müssen sich trotz aller Aktivitäten noch weitere Rumpfteile, Tragflächenbruchstücken und vieles mehr befinden. Man kann also durchaus noch am "Flugzeugpuzzle" mitwirken; Tauchgänge sollten aber mit Rücksicht auf die Badegäste außerhalb der Hauptsaison geplant werden. Funde gehen in das Eigentum der Gemeinde Großdubrau über.

Wie es heißt, haben schon das Museum für Verkehr und Technik Berlin sowie amerikanische Museen Interesse an den Flugzeugtrümmern bekundet...

21. Eckartsberg bei Zittau

Anfahrt über Löbau - Herrnhut - Oberseifersdorf bis Eckartsberg. Im Ort Gaststätte "Schlehkretscham" suchen, rechts um die Schenke zum Steinbruchsee.

Seite 105 oben: **Im toten Wald.**
Seite 105 unten: **Tauchen zwischen riesigen Tannenwedel. (Fotos: F. Wieland)**

Die Ufer werden zu zwei Dritteln des Umfanges von senkrecht stehenden Kugel- oder Sonnenbasaltsäulen (wissenschaftlich *Nephelinbasanit*) gebildet. Der Grund wird auf 15 - 21 Metern Tiefe erreicht. Im Steinbruchsee wimmelt es von Karpfen, Barschen, Forellen, Plötzen und Goldorfen (rote Abart des Aland), zwischen Pflanzenbeständen aus Tausendblatt, Hahnenfuß und Laichkräutern verstekken sich Hecht, Karausche, Aal und Amerikanische Flußkrebse. Auf den Basaltsäulen haften Dreikantmuscheln.

Achtung! Der Eckartsberg ist das "Hausgewässer" des Tauchclubs Zittau. Die Sportfreunde haben sämtliche Pflanzen- und Muschelbestände eingebracht und angesiedelt. Dadurch hat sich die Wasserqualität des oft betauchten kleinen Sees erheblich verbessert, Sichtweiten von 4-8 Metern sind nicht selten. Unmittelbar am Wasser steht der Taucherstützpunkt der Zittauer mit Füllstation. Die Zittauer sind eine gastfreundliche Tauchergemeinschaft, die Gäste in Ihrer Basis und in Zelten unterdringen kann. Jedoch sind Voranmeldung und Absprache unbedingt erforderlich, da der Eckartsberg nahezu den Status eines Privatgewässers hat.

22. Die Seen von Bad Muskau und Kromlau

Rund um Bad Muskau und Kromlau bestand in der ersten Hälfte unseres Jahrhunderts ein aktiver Tagebaubetrieb, um die in geringer Tiefe lagernde Braunkohle zu gewinnen. Infolge dieser Aktivitäten ziehen sich heute zahlreiche Gräben durch die Kiefernforste. Diese Gräben sind 50 bis 100 Meter breit, bis zu 15 Metern tief und meist mehrere hundert Meter lang.

Die alten Tagebaue haben sich mit erstaunlich klarem Wasser gefüllt und zu fischreichen Seen entwickelt. Bemerkenswert sind vor allem unheimlich dichte Monokulturen von Wasserpflanzen. So gibt es zum Beispiel Seen, die beinahe von Tannenwedeln überquellen, während andere regelrecht mit schwimmendem Laichkraut verfilzt sind. Versunkene Wälder, die per Fließrutschungen in die Seen gerieten, sind heute Unterstände für Hechte und Blei, Schleien und Plötzen. Das leicht saure Wasser begünstigt auch zahlreiche Wasserinsekten in ihrer Entwicklung.

Sekundärgewässer in Altbergbaugebieten sind hinsichtlich der Standfestigkeit der Ufer immer problematisch. Hinzu kommt, daß man im Raum Muskau - Kromlau mit seinen trockenen Nadelwaldforsten und der oft schon in Spatenblattiefe beginnenden Rohbraunkohle den aktuellen Stand der Waldbrandgefahr richtig beurteilen muß. Deshalb: Bitte keine Experimente und eigenständige Erkundungen. Lassen Sie sich von der Tauchbasis Bad Muskau - Köbeln sachkundig beraten und führen.

II. Geheimnisse der Sächsischen Schweiz

Die Sandsteinlandschaft zwischen Pirna und Kirnitzschtal

Pirna gilt als das Tor zur Sächsischen Schweiz. Von hier aus dem Elbtal stromaufwärts folgend, erheben sich schon bei Wehlen schroffe Sandsteinwände. Diese erscheinen jedoch nur durch ihre unwirtliche Steilheit so hoch. In Wahrheit liegt die Durchschnittshöhe des Elbsandsteingebirges unter der des Osterzgebirges, ja selbst unter der des Lausitzer Berglandes.

Die Sächsische Schweiz hat ihren Namen von den Schweizer Malern Adrian Zingg und Anton Graff, die während ihrer Arbeit an der Dresdner Kunstakademie die Sandsteinlandschaft durchwanderten und den Begriff der "Sächsischen Schweiz" ab 1790 dauerhaft in die Literatur einführten.

In der Stadt Wehlen finden Sie ein kleines Heimatmuseum, welches über das frühere Dasein der Wehlener im Werksteinabbau oder in der Elbschiffahrt darstellt. Der Pflanzengarten um das Museum präsentiert typische Gebirgspflanzen. Ein kleines Stück weiter stromauf erreichen Sie den weltberühmten Ausblick von der Bastei auf das Elbtal und große Teile des Sandsteingebirges. Im Hinterland des Kurortes Rathen könnten ein Besuch der Felsenbühne, des bedeutenden Ausgrabungsplatzes "Felsenburg Neurathen", des Amselfalles oder der Stadt und Burg Hohnstein wunderbare Stunden und herrliche Fotos bescheren. Noch weiter elbaufwärts gen Böhmen erreichen Sie Königstein. Die einst als uneinnehmbar geltende Festung Königstein mit ihren Kasematten, zahlreichen Ausstellungen, Gaststätten und Aussichtspunkten hat nicht nur eine interessante Geschichte als Staatsgefängnis August's des Starken, sondern ist auch ein Touristenmagnet.

In Bad Schandau macht Sie ein kleines Heimatmuseum mit den Besonderheiten der Pflanzen- und Tierwelt der Sächsischen Schweiz bekannt, nach dessen Besuch Sie sich vielleicht mit der Kirnitzschtalbahn das malerische Tal der Kirnitzsch erschließen.Weit am Oberlauf des Bächleins lassen sich einzigartige Talansichten mit den historischen "Brettmühlen" - wie die Einheimischen zu den wassergetriebenen Sägewerken sagen - fotografieren. Ein ganz besonderes Schaustück ist die Neumannmühle. Mit der Kraft eines einzigen Wasserrades werden hier eine Eingattersäge und eine Anlage zur Papierherstellung aus Holzschliff betrieben. Die Mühle ist etwa 400 Jahre alt, während die Holzschleiferei erst 1870 eingebaut wurde.

Das Bachneunauge.

Das obere Kirnitzschtal ist ein beeindruckender Felscanyon, den man am besten durch eine Bootsfahrt kennenlernt. Ein bis zwei Wanderstunden von Hinterhermsdorf befindet sich die sogenannte Obere Schleuse, ein Stausee von etwa 700 Metern Länge. Hier können Sie sich geruhsam den Wasserlauf entlang staken lassen und der Bootsführer erzählt die Legenden zu den verschiedenen Felsformationen. Die steinerne Staumauer der Oberen Schleuse wurde 1816 erreichtet, um geschlagenes Holz über die oft zu flache Kirnitzsch mit Hilfe von Zuschußwasser abflößen zu können.

Die Sächsische Schweiz ist vor allem für ihre herrlichen Wanderwege und Möglichkeiten der Felskletterei bekannt. Dazu gibt es vor Ort ausführliche Wanderpläne und Kletterführer.

Echte Tauchgewässer sind im Elbsandsteingebiet nicht vorhanden, bei den vorzustellenden Gewässern muß man mehr von Beobachtungsmöglichkeiten für Süßwasserfreaks oder seltenen Motiven für engagierte Unterwasserfotografen sprechen. Neben einigen Dorfteichen mit Vorkommen von seltenen Wasserkäfern sowie Teich- und Bergmolchen sind hier vor allem Bergbäche zu nennen.

Biotop Bergbach

Während sich in Gletscher- und Hochgebirgsbächen auf Grund der heftigen Geschiebewirkung und der Strömungsgeschwindigkeit kaum Pflanzen entwickeln und auch nur speziell angepaßte Insektenlarven und Plattwürmer leben können, sind Mittelgebirgsbäche schon artenreiche Biotope.

Mittelgebirgsbäche haben auf Grund der starken Turbulenzen im Bachbett sehr sauerstoffreiches Wasser, führen außer nach Schneeschmelze und Starkregen Klarwasser und weisen entsprechend den wechselnden Geländeprofilen sehr verschiedene Strömungsgeschwindigkeiten auf. Dadurch wechseln sich Hartböden und Geröllstrecken ab mit Sand- und Kiesbänken sowie geringen Sedimentablagerungen in tiefen Kolken und sonstigen Stillwasserbereichen.

In Mittelgebirgsbächen findet man auf Grund dieser günstigen Lebensbedingungen schon eine Vielzahl von Wassermoosen, Grün- und Rotalgen, Insektenlarven, Lurchen und Fischen vor. In strömungsberuhigten Zonen gedeihen wenige höhere Wasserpflanzen wie Wasserstern und Flutender Hahnenfuß. Tiefe Kolke und abgeschnittene Altbachbetten dienen Feuersalamandern und Kröten als Laichgewässer. Die größte Vielfalt an Tieren befindet sich am und im Untergrund, wo unzählige Arten von Zuckmückenlarven, Steinfliegenlarven, Köcherfliegenlarven, Eintagsfliegenlarven, Wasserkäfer und Mollusken existieren.

Seite 108 oben: **Im schönen Kirnitzschtal.**
Seite 108 unten: **In Stillwasserbereichen leben Bergmolche.**
Seite 109 oben: **Betrachtung des Wassersternreichtums.**
Seite 109 unten: **Einer unserer empfindlichsten Süßwasserfische: die Westgroppe. (Fotos: F. Wieland)**

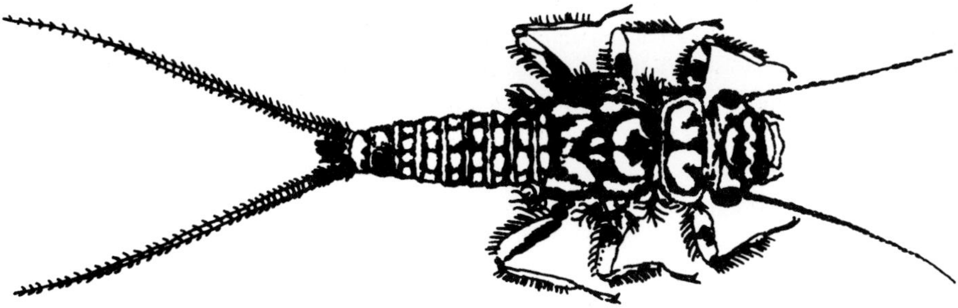

Dinocras-Steinfliegenlarve.

Die vorkommenden Fische sind überwiegend kaltstenotherme Arten, die den hohen Sauerstoffgehalt und die nur in geringem Maße schwankende Wassertemperatur im Bergbach (Unterschied Sommer zu Winter oft unter 10°C) dringend benötigen oder bevorzugen, wie zum Beispiel Bachforelle, Äsche, Westgroppe, Elritze und Schmerle.

Die Äsche.

1. Die Kirnitzsch

Nur 34 Kilometer lang fließt die Kirnitzsch. Der Bach entspringt in Böhmen, war auf 10 Kilometer die Grenze zwischen den historischen Königreichen Böhmen und Sachsen und ist es heute zwischen Tschechischer Republik und Bundesrepublik. Die Schönheit des wilden Felstales, des herrlichen Waldes und der ganzen Gegend ist gar nicht so recht zu schildern, man sollte selbst erleben und sehen!

Im Jahre 1786 brachte Wilhelm Leberecht Götzinger bei Carl Craz in Freiberg ein Buch heraus, seine "Geschichte und Beschreibung des Chursächsischen Amts Hohnstein mit Lohmen, insbesondere der unter dieses Amt gehörigen Stadt Sebniz".

Darin heißt es: "Es ist hier, wie überhaupt in gebürgischen Gegenden, eine reine gesunde Luft und eben so gesundes vortreffliches Wasser. ... An Wäldern und Gehölzen fehlt es hier nicht. ... Eben so wenig mangelt es uns an Wasser. An der

Mittagsseite zieht sich die Elbe hinab, und giebt den beiden Amtsstädten Schandau und Wehlstädtlein, nebst denen daran liegenden Dörfern eine gute Nahrung. Oben im Böhmischen Walde entspringt die Kirnitzschbach, drängt sich zwischen den hohen Felsenwänden durch die Heide, wo sie verschiedene Mühlen treibt, und fällt endlich über Schandau in die Elbe."

Die Wasserkraft der Kirnitzsch dient bereits seit vielen Jahrhunderten als Antrieb für Mühlen und zum Flößen. Götzinger bemerkt dazu: "Das hiesige Churfürstliche Floswerk verdient, daß von seiner Verfaßung und Geschichte einiges erwähnt wird. Es werden nemlich in den Churfürstl. Waldungen der Heide über 1000 Schragen Holz jährlich geschlagen und theils über die hohen Felswände und steilen Berge auf besondern darzu vorgerichteten Fahrten, die man Huschen oder Ploße nennt, bis an die Kirnitzschbach gebracht, theils aber auch dahin gefahren. Hier wird es in Klaftern aufgesetzt, Frühjahrszeit in die Kirnitzsch eingeworfen und bis Schandau geflößt. Beim Ausflus der Bach wird es in Floße gebunden, worzu ein besonderes Haus angelegt ist, welches das Bindehaus genennt wird, und nun auf der Elbe in die Churfürstlichen Holzhöfe oder auch nach Meißen in die Porcellanfabrik geliefert. Dieses Floswerk ist ohngefehr ums Jahr 1568 errichtet worden. "

Wirklich tauchen und weit schwimmen - wie man es vom Flußtauchen in den Alpenflüssen kennt - ist in der Kirnitzsch nicht möglich. Das Wasser hat nur 0,5 - 0,8 Meter Tiefe, an breiten Stellen des Bettes noch weniger. Wenige ausgespülte Kolke oder Stellen unter Wehren haben auch einmal 2 - 2,5 Meter Wasserstand. Interessant ist die Kirnitzsch für den Naturliebhaber und Unterwasserfotografen, der auch einmal sehen möchte, was er beim Tauchen in stehenden Binnenseen nicht erleben kann - die Lebewelt eines Mittelgebirgsbaches.

Zur Ausrüstung ist zu sagen, daß sich ein sehr dicker Naßanzug mit Handschuhen und Füßlingen am besten bewährt hat, denn der Bach erreicht auch im Sommer kaum mehr als 11° C. Zunächst genügen Maske und Schnorchel sowie viel (10 - 12 kg) Blei, um in der heftigen Strömung ruhig liegen zu können. Flossen sind in den flachen Bachabschnitten sogar unzweckmäßig.

Im klaren Wasser sind frisch-hellgrüne Büschel von Quellmoos zu bewundern, manchmal liegen sehr lange feste Ranken des Wassersterns in der Strömung, nur äußerst selten ist auch mal im Mittellauf ein Halm Hahnenfuß zu sehen. Am Tage findet der Schnorchler zahlreiche ans Bachleben angepaßte Insekten, wie zum Beispiel Steinfliegen- und Köcherfliegenlarven. Im Geröll, gut getarnt und schwer auszumachen, lauert die Westgroppe auf Nahrung. Dieser plumpe Fisch schwimmt nur unbeholfen und sucht hinter jedem Bodenvorsprung Deckung vor der Strömung. Wer vorsichtig offensichtlich hohl liegende Steine aufhebt und wendet, bekommt vielleicht auch einmal eine Schmerle zu Gesicht. Dieser kleine, sehr scheue Fisch wird nur etwa zehn Zentimeter lang. Er lebt überwiegend im groben Geröll, bildlich gesprochen im Keller des Baches. Der schlanke Grundfisch läßt sich an den sechs Barteln der Oberlippe erkennen. Außerdem ist seine Schwanzflosse von der Seite betrachtet geringfügig höher als der Körper (ohne Rückenflosse). Die Bachforelle flieht meist am Tage, noch ehe sie genauer betrachtet werden kann. Die Steine sind mit verschiedenfarbigen Aufwuchsalgen verziert.

Ein günstiger Platz für solche Beobachtungen befindet sich gleich unterhalb jenes kleinen Parkplatzes, den man nach Passieren der Buschmühle Richtung Räumichtmühle fahrend erreicht. Die Stelle ist nicht zu verfehlen, hier trennt sich die Kirnitzsch von der Hauptstraße und wird von einer kleinen Fußgängerbrücke überspannt.

Im Zeitraum März - Ende Mai, in den ihrer Laichzeit vorausgehenden Wochen, sind in der Kirnitzsch auch Bachneunaugen zu sehen. Die winzigen schlangenartigen Tiere - oft nur bleistiftgroß - zählen zu den Rundmäulern, die entwicklungsgeschichtlich unmittelbar vor den Fischen stehen. Bei sonnigem Wetter kann man das Glück haben, Zeuge der Neunaugenhochzeit zu werden.

Die wendigen Tiere verdanken ihren Namen übrigens der Tatsache, daß einst die sieben Kiemenspalten und eine unpaarige Nasenöffnung mangels besserem Wissen auch gleich mit als Augen gezählt wurden. Zur Paarung saugen sich die Neunaugenweibchen an Steinen über kiesigem Grund fest. Die Männchen heften sich mit ihrem Saugmaul in der Nackenregion des Weibchen an und umschlingen mit ihrem Körper den des Weibchens. Mit einer nach hinten gleitenden Schlinge wird das Weibchen bewegt, die Eier ins Wasser auszustoßen, die dann befruchtet auf den Bachgrund sinken.

Die Elterntiere sterben wenige Tage nach der Paarung ab. Der Neunaugennachwuchs lebt als Querder benannte Larven im kiesigen Sediment von Bächen. Dort ernähren sich die Querder als Filtrierer, bis etwa im 4. Winter die Umwandlung zum adulten Tier erfolgt. Nach wenigen Wochen ist Hochzeit und dann Ende... Das verborgene Leben der Larven und die Tatsache, daß Bachneunaugen nur für wenige Wochen oder Tage im Jahr als erwachsene Tiere zu beobachten sind, macht ihr Auffinden schwierig. Außerdem sind sie vom Aussterben bedroht, denn jede Schadstoffeinleitung in ein Fließgewässer schlägt sich dort nieder, wo die Querder leben müssen - im Sediment!

Auch ein Nachteinstieg in den Kirnitzschbach ist auf jeden Fall lohnend. Jedoch sollte dann ein Platz ausgesucht werden, wo mehrere mindestens einen Meter tiefe Kolke dicht beieinander sind. Bei Verwendung eines kleinen Druckluftgerätes (4-Liter-Flasche reicht!) kann man in aller Ruhe Forellen fotografieren. Besonders günstig sind Tauchplätze unterhalb von Wasserfällen und Wehren. Das herabschießende Wasser macht selbst soviel Unruhe und reißt soviel Luft in die Tiefe, daß die Ausatemluft des Tauchgerätes sozusagen gar nicht auffällt und die scheuen Fische nicht vergrämt. Ein geeigneter Platz dafür ist beispielsweise das Wehr oberhalb der Neumannmühle, wo sich auch gleich ein großer Parkplatz befindet.

2. Der Lachsbach

Unser schon zitierter Chronist Götzinger schreibt hierzu: "Die Sebnizbach, die stärkste unter ihren Schwestern, erhält ihr Wasser von zwei kleinern Bächen, der Lobendauer und Wilmsdorfer Bach, welche aus Böhmen kommen und hart an der Grenze bey Einsiedel zusammenstoßen. Hier erst nimmt sie den Namen Sebniz an, durchschneidet die Stadt Sebniz und das Dorf Hennersdorf, bewässert große und schöne Wiesen, und fließt endlich, nachdem sie die von Crummhermsdorf und Losdorf kommende Schwarzbach aufgenommen, zwischen Wald und Felsen am Ende des tiefen Grundes in die Polenzbach. Diese fällt über Langburkersdorf aus dem Hochwald, läßt Neustadt links liegen, fließt durch das lange Dorf Polenz, von dem sie den Namen hat, nimmt dann ihren Weg durch den Hohnsteiner Grund unter Hohnstein, und vereinigt sich endlich mit der Sebnizbach, wo sie beyde ihre Namen verlieren, und unter den Namen der Lachsbach zur Elbe hinlaufen." Außerdem heißt es an anderer Stelle bei Götzinger: "Die andere Lustbarkeit, an welcher sich die Fürsten hier vergnügten, war das Lachsausstechen. Es gehen nemlich die Lachse aus der Elbe in die Sebniz- und Polenzbach wegen des süßen Waßers, streichen darinnen ab, setzen den Samen zu Lachskunzen in großer Menge ein, und steigen bisweilen bis Hohnstein und Sebniz."

Die Zeiten, da sich das Gesinde ansässiger Bauernhöfe und Mühlen beschwerte, weil es fünfmal die Woche Lachs zu essen gab, sind längst vorbei. Die Lachse vermögen weder die Staustufe Geesthacht noch die verunreinigte Elbe zu überwinden und erscheinen nicht mehr in der Sächsischen Schweiz zum Laichen. Der Name und das muntere Bächlein jedoch sind geblieben.

Eine empfehlenswerte Fotostelle ist der Ursprung des Lachsbaches, dort, wo er aus dem Zusammenfluß von Polenz und Sebnitz entsteht. Am günstigsten erreicht man diese Gegend, indem über Bad Schandau Richtung Porschdorf gefahren wird. In Porschdorf sucht man die schmale Straße zum Bahnhof "Haltepunkt Porschdorf". Kurz vor Erreichen des Bahnhofes kann die Sebnitz über eine kleine Autobrücke passiert werden. Auf der anderen Seite führt ein Fahrweg über Wiesen bis unmittelbar ans "Stromdreieck".

Im Oberlauf des Lachsbaches sind Bachforellen und Groppen zu Hause, überdies findet man gerade hier in der heftigen Strömung des eben entstehenden Lachsbaches die scheue Äsche. Das Wasser ist im Lachsbach nicht ganz so transparent wie in der Kirnitzsch, eben deshalb gelingt es hin und wieder, im Schatten von Ufergehölzen die Kamera an Äschen heranzumanövrieren. Freilich stellen hier auch Angler der wohlschmeckenden Äsche nach. Nicht umsonst bemerkt ein altes Sprichwort vom Rhein:

"Ein Aesch ist ein Rheingraf, ein Salm nur ein Herr."

Im Lachsbach können mit viel Ausdauer zwei seltene und über die Maßen scheue Fische beobachtet werden: Hasel und Döbel. Vor allem der Döbel ist ein bemerkenswerter Fisch. Die Anpassung an die Strömung haben diesen Fisch im Laufe der Jahrhunderte einen beinahe walzenförmigen Körper verliehen. Mit zunehmender Größe werden Döbel immer mehr reine Raubfische, obwohl sie stammesgeschichtlich zu den karpfenartigen Weißfischen (*Cypriniden*) zählen und von daher eigentlich als sogenannte Friedfische einzuordnen sind. Unter den Weißfischen ernähren sich nur Döbel und Rapfen teils räuberisch.

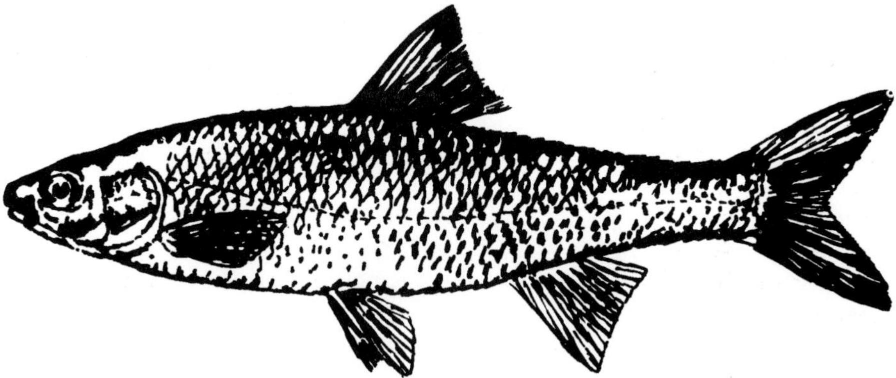

Der Hasel.

III. Rund um die Messestadt Leipzig

Von Auerbachs Keller bis Grimma

Schon der alte Goethe schätzte Leipzig. Mit den Worten:

> "Ich muß dich nun vor allen Dingen
> In lustige Gesellschaft bringen,
> Damit du siehst, wie leicht sich's leben läßt.
> Dem Volke hier wird jeder Tag ein Fest.
> Mit wenig Witz und viel Behagen
> Dreht jeder sich im engen Zirkeltanz,
> Wie junge Katzen mit dem Schwanz.
> Wenn sie nicht über Kopfweh klagen,
> Solang der Wirt nur weiter borgt,
> Sind sie vergnügt und unbesorgt.

läßt er Mephistopheles Leipziger Lebensart anpreisen und Faust zum Besuche in Auerbachs Keller bewegen. Das historische Lokal ist auch heute noch einen Besuch wert, trotzdem sich die Szene eher im "Art", im "L3", der "Moritzbastei" oder auch dem "Maitre" trifft.

Was gibt es sonst zu sehen in Leipzig? Neben der historischen Innenstadt mit ihren gewaltigen Messehöfen sind vor allem das Buch- und Schriftmuseum der Deutschen Bücherei, das Ägyptische Museum und das Museum für Völkerkunde zu empfehlen. Nicht umsonst schrieb Goethe: "Mein Leipzig lob ich mir! Es ist ein klein Paris und bildet seine Leute." In der Thomaskirche hat Johann Sebastian Bach seine letzte Ruhestätte gefunden. In Sachen Eisenbahn hält Leipzig zwei Superlative: Der Bayrische Bahnhof von 1844 ist das älteste erhaltene Bahnhofsgebäude in Europa, der heutige Hauptbahnhof der größte europäische Kopfbahnhof.

Das wohl bekannteste Leipziger Wahrzeichen ist das 91 Meter hohe und sechs Millionen Zentner schwere Völkerschlachtdenkmal. Von der Aussichtsplattform des Bauwerkes hat man bei klarem Wetter Sicht bis zum Harz und ins Erzgebirge. Der Koloß steht zur Erinnerung an jene Schlacht, in der die verbündeten Preußen, Österreicher und Russen die Befreiungskriege entschieden und die napoleonische Herrschaft in Deutschland beendeten. Die "hellen" Sachsen wechselten während der Schlacht vom Verlierer Napoleon zu den Gewinnermächten...

In der Nähe des Völkerschlachtdenkmales kann der Besucher eine Gletschersteinpyramide bewundern. Rund 550 Findlinge, die beim Häuserbau gefunden wurden, sind hier auf einem Betonkern angebracht.

Am Platze des Friedens in Markranstädt bei Leipzig finden Sie eine Exposition zum Bergbau in Kulkwitz und Umgebung, die Bergbaugeräte, geologische Funde und ein Beispiel für Stollenausbauten zeigt. Die Austellung ist vielleicht eine interessante Randinformation zu einem Tauchgang im Kulkwitzer See.

Sollten Sie in der Gegend der Steinbruchseen um Leipzig unterwegs sein, bietet das Kreismuseum Grimma einen lohnenden Anlaufpunkt. Zum einen werden heimische Minerale gezeigt, zum anderen besteht dort eine große Sammlung von Körben, über 900 Körbe für die verschiedensten Zwecke.

1. Der Kulkwitzsee

Zwischen der südwestlichen Stadtgrenze von Leipzig und Markranstädt liegt der Kulkwitzsee. Etwa 1963 rollte der letzte Kohlezug aus dem ehemaligen Braunkohletagebau, seit damals stieg das Wasser unaufhaltsam. Der See wird hauptsächlich vom Grundwasser in den saaleeiszeitlichen Schottern der früheren Flußbetten der Weißen Elster gespeist. Die Verweilzeit des Wassers liegt bei 80 Jahren, so daß der Kulkwitzsee recht empfindlich gegenüber Verunreinigungen ist. Trotzdem heute an heißen Sommertagen 20.000 Badegäste normal sind, ist der Kulkwitzsee ein erstaunlich klares Tauchgewässer. Auch im Hochsommer herrschen noch 5 - 8 Meter Horizontalsicht, im Spätherbst bis Frühjahr können es 10 - 12 Meter sein.

Wegen des Badebetriebes sind Taucheinstiege vor allem in Vor- und Nachsaison zu empfehlen. Sie werden über die Artenfülle dieses noch so jungen Gewässers erstaunt sein. Kammförmiges Laichkraut bedeckt weite Flächen, vereinzelt finden Sie Armleuchteralgen, Krauses Laichkraut wuchert bis etwa 4 Meter Tiefe, gruppenweise sind Ähriges Tausendblatt und Kanadische Wasserpest zu entdecken. In geringen Tiefen wiegen sich Starrer Hahnenfuß und Wasserknöterich im Auf und Ab der Wellen. Selbst die Darmalge soll in diesem schwach basischen Gewässer schon beobachtet worden sein.

Doch nicht allein der grüne Bewuchs, der mit dem hellblau-klarem Wasser herrliche Motive für Mischlichtaufnahmen bietet, ist interessant.

Der Kulkwitzsee ist unter einheimischen Tauchern berühmt für beinahe "mannslange" Hechte und riesige "Boote" von Karpfen. Unter diesen sind vor allem die großen Graskarpfen gar nicht so leicht zu fotografieren. Aber auch über dem Pflanzenteppich spielende Schwärme von Rotfedern oder im Kraut versteckte Karauschen eignen sich für traumhafte Süßwasserschnappschüsse. Barsch, Plötze, Schleie und Aal sind reichlich vertreten im Kulkwitzsee.

Der See hat eine Durchschnittstiefe von 18 Metern und ist in vielen Regionen weit über 20 Meter tief, das Maximum soll bei 35 Metern liegen. Günstige Tauchplätze befinden sich vor allem gegenüber dem Friedhof an der B87 Leipzig-Markranstädt und vor Lausen. Am Rettungsturm bei Lausen hat der Diving Travel Shop eine Niederlassung mit Füllstation und Tauchschule.

2. Der Elster-Saale-Kanal

Schon im Jahre 1850 begann der Geschäftsmann Karl Heine den Bau eines Kanals zwischen Elster und Saale, um absehbare kommerzielle Vorteile aus der neuen Verkehrsverbindung zu ziehen. In den dreißiger Jahren sollte die Messestadt Leipzig von Staats wegen für den Binnenschiffsverkehr erreichbar gemacht werden. Zu diesem Zwecke wurde der Bau des Verbindungskanals zwischen Elster und Saale forciert. Bis 1941 wurden 12 Kilometer dieser Wasserstraße fertiggestellt.

Meist verläuft der Kanal auf einem autobahnartigen Hochdamm. Das östliche Ende liegt ganz in der Nähe des Hafenbeckens Leipzig-Lindenau, welches für die genannte Wasserstraße ausgehoben wurde. Der Elster-Saale-Kanal führt bis westlich von Güntersdorf, dort wurde der Bau in den Kriegsjahren eingestellt. So ist es zu erklären, daß Leipzig heute einen Kanal zum Tauchen und einen Hafen ohne Schiffe zum Angeln hat.

Der 30 Meter breite und 4 - 6 Meter tiefe Kanal hat weder Schiffverkehr noch nennenswerte Wasserbewegung, er kann als stehendes Gewässer betrachtet werden.

Seite 117 unten: **Kanadische Wasserpest im Kulkwitzsee. (Fotos: S. Reul)**

Das Wasser ist sehr klar, 4 - 6 Meter Horizontalsicht sind beinahe immer gegeben, im Spätherbst können es auch 10 Meter sein.

Das Gewässer hat teils Sand- und Kiesgrund, teils findet der Taucher Schotterschüttungen vor. Der Kanal ist außerordentlich fischreich, neben den "Standardfischen" sind vor allem Rotfeder, Döbel, Zander, Kaulbarsch, ja sogar Forellen und Bitterlinge zu nennen. Flußkrebse und Teichmuscheln sind häufig.

Im Sommer wuchert im Elster-Saale-Kanal ein Dickicht aus Tausendblatt, Hornblatt, Laichkräutern und Armleuchteralgen. An manchen Abschnitten kann die grüne Vegetation bis knapp unter die Wasseroberfläche reichen.

Die nie benutzte Wasserstraße ist ein wahres Eldorado für den Tierfotografen. Besonders günstig sind Nachteinstiege mit einer Allroundoptik von 28-35 mm, um auf sehr verschiedene Fischgrößen reagieren zu können. Allerdings sollte man sich nicht von dem mitunter recht anstrengenden "Hindernisschwimmen" zwischen den Krautbänken aus der Ruhe bringen lassen.

Der Elster-Saale-Kanal bietet von Böhlitz-Ehrenberg bis Güntersdorf viele schöne Tauchplätze. Besonders zu empfehlen ist das Weststück des Kanals, etwa von der Brücke der Bundesstraße 189 Leipzig-Merseburg übers Wasser bis zum eigentlichen Kanalende inmitten von Feldern. Hier ist es möglich, ziemlich nahe ans Wasser zu fahren und das Auto auf einem parallel zum Kanal verlaufenden Feldweg sicher abzustellen.

3. Der Kirchbruch und der Tollertbruch zu Beucha

Der Kirchbruch zu Beucha ist einer der relativ vielen Steinbruchseen im Nordwesten von Leipzig. Die Gewässer dieser Art sind sich insofern recht ähnlich, als daß sie je nach pH-Wert ein mehr oder weniger reiches Artenspektrum an Fischen aufweisen, meist dem Edelkrebs günstige Refugien bieten und für den Unterwasserfotografen malerische Felsformationen als Kulissen bereithalten.

In der Reihe solcher Seen ist der Kirchbruch von Beucha besonders zu erwähnen, weil er über Wasser einen phantastischen Anblick bietet. Mitten auf dem Berge, dessen Gestein man abbauen wollte, steht seit vielen Jahrhunderten eine wuchtige Wehrkirche. Diese Kirche und ihren Friedhof ließ man beim Abbau des Werksteins unangetastet. So ergab es sich, daß sich der Steinbruch und damit der spätere See wie ein Hufeisen um die kleine weiße Kirche hinzieht. Dieses Überwasserpanorama sieht von allen Seiten sehr schön aus, betrachtet man es vom Kirchfelsen aus oder aus der Unterwasserperspektive des Tauchers.

In diesem See sind wunderbare Halb-und Halbfotos möglich, zusätzlich bietet sich ein versunkener Wald als Motiv an. Die Wasserklarheit erlaubt leider nicht ganzjährig, anspruchsvolle Kompositionen aus Unterwassereffekten, Kirche und Landschaft zu schießen, aber das zeitige Frühjahr lohnt sich gewiß...

Sie erreichen diesen eigenartigen See in Ortslage Beucha über die A14 Leipzig - Dresden, Abfahrt Kleinpösna, weiter über Wolfshain nach Beucha.

Im Ort befindet sich ein weiterer Steinbruchsee namens Tollertbruch, dessen Horizontalsichtweiten deutlich besser sind. Deshalb trainieren hier oft einheimische Taucher für Wettkämpfe im Orientierungstauchen. Der Tollertbruch ist wesentlich größer als der Kirchbruch und auf jeden Falls ein weiterer Tauchtip in dieser Region.

4. Die Ammelshainer Steinbruchseen

Die Autobahn Dresden - Leipzig hat eine winzige Abfahrt bei Klinga. Diese Anschlußstelle für ein paar Dörfer hat (noch) einen sehr engen Kurvenradius, ist nur für 30 Kilometer pro Stunde zugelassen und mutet beinahe ein bißchen "inoffiziell" an.

Wenn Sie die Autobahn verlassen, sind Sie schon nach wenigen hundert Metern mitten im Dorf Ammelshain. Nach Passieren des Bahnübergangs bitte scharf rechts abbiegen, es ist etwa ein knapper Kilometer parallel zur Bahnlinie zu fahren. Etwa am Ortsausgangsschild ist wieder nach links einzuschwenken; eine Art Feldweg leicht bergauf fahrend erreichen Sie erst den Stützpunkt des TAZA-Clubs

(Tauchclub der Universität Leipzig) und gleich darauf den Großen Ammelshainer Steinbruchsee. Links der einzigen günstigen Einstiegsstelle erhebt sich eine imposante Felswand! Unterhalb dieser können Sie auf der ehemaligen Zufahrtsstraße des Tagebaues gerade aus bis in den hinteren Teil des Bruchsees tauchen. Die "Straße" ist gesäumt von Wasserpest und Armleuchtergewächsen, gelegentlich fliehen Edelkrebse und stattliche Barsche.

Ein wenig Vorsicht sei empfohlen, im Kraut an der auf 3 - 4 Metern Tiefe dahinführenden Straße stehen noch die Begrenzungspfosten aus kräftigen Stahlprofilen eingerammt. Rechts der Straße fällt der Grund auf 6-12 Meter ab, im Pumpensumpf des alten Steinbruchs sollen reichlich 20 Meter Tiefe erreichbar sein. Am Boden des Steinbruchsees sind allerhand "technische Restbestände" wie Loren, Rohre, Schienen und ähnliches zu sehen.

Neben dem Barsch sind Hecht, Aal, Karausche, Schleie und Plötze im Großen Ammelshainer See zu finden. Selten einmal stört man einen der hier nur kleinwüchsigen Karpfen auf.

Eine Besonderheit befindet sich im Großen Ammelshainer Steinbruchsee: Im Jahre 1988 wurde durch die Arbeitsgemeinschaft Höhlentauchen des TAZA-Clubs ein Übungsparcours für das Höhlentauchen erbaut. Wenn diese Anlage genutzt werden soll, steht sie in 3 - 6 Meter Tiefe unter weißen Bojen im hinteren Stein-

bruchteil. Um vorwitzige Schnochler nicht zu gefährden, wird die Übungsstrecke in der übrigen Zeit tiefer versenkt.

Dieser Parcours besteht aus mehr oder weniger flachen und engen Kriechhindernissen, verwinkelten Stahlgitterwendekäfigen und ähnlichen Schikanen. Die Tauchstrecke unter "Decke" ist etwa 55 Meter lang. Wer hier voll ausgerüstet mit Helmlampen, zwei getrennten Atemsystemen, Leitseilrolle (auch Ariadnefaden), Akkupacks und weiteren "Spezialitäten" des Höhlentauchens übt, kann insbesondere bei nächtlichem Training schon ein wenig für sich selbst austesten, ob er die psychologische Eignung für's Höhlentauchen besitzt. Leider sind viel mehr Taucher für Klaustrophobie (Platzangst) anfällig, als man gemeinhin annimmt. Wer glaubt das schon von sich selbst?

Der Parcours hat gegenüber der Höhle einen Vorteil: Ein außerhalb der Anlage mittauchender Begleiter kann jedes in sich abgeschlossene Hindernis nach oben öffnen, wenn der Trainierende Schwierigkeiten haben sollte oder gar in Panik geriete...

Wenn Sie von dem eingangs erwähnten Bahnübergang geradeaus weiter in Richtung Polenz fahren würden, könnten Sie am nördlichen Ortsrand von Ammelshain noch den kleinen Ammelshainer Steinbruchsee finden. Dieser ähnelt dem Großen Steinbruchsee sehr, ist aber deutlich pflanzenärmer und reicher an Edelkrebsen. Hier sollen 25 Meter Tiefe erreichbar sein.

Bei Klinga, Altenhain und Waldsteinberg würden Sie weitere zum Tauchen geeignete Steinbruchseen finden. Alle diese Steinbrüche haben Material für den Bau des Leipziger Völkerschlachtdenkmals geliefert.

Außerdem liegen an der Autobahn Baggerseen, die in der Vor- und Nachsaison eine Unterwassererkundung wert sind, zum Beispiel bei Klein Steinberg.

5. Von Wolfsberg und Hasenbruch

Ausgehend von der Autobahn A14 Leipzig-Dresden erreichen Sie über die Bundesstraße 107 Wurzen. Nördlich von Wurzen befinden sich weitere Steinbruchseen, die eine ausführliche Wochenendtauchtour zum Erlebnis werden lassen. Zwei dieser Gewässer sollen hier vorgestellt werden, weil sie nur wenige Autominuten voneinander entfernt liegen und erlebnisreiches Tauchen versprechen.

Südlich der Verbindungsstraße von Lüptitz nach Kleinzschepa erhebt sich ein flacher Hügel, der über einen Feldweg erreichbar ist. Der "Wolfsberg" genannte Steinbruch wurde bereits nach dem ersten Weltkrieg aufgegeben und füllte sich mit sehr klarem Grund- und Quellwasser. Die größtmögliche Tauchtiefe liegt bei 19

Seite 120 unten: **Der Kirchbruch in Beucha.**
Oben: **Im Übungsparcours für Höhlentaucher bei Ammelshain.**
(Fotos: F. Wieland)

Metern, im Norden fällt eine Steilwand sofort bis 14 Meter Tiefe ab. Günstige Einstiege befinden sich am Südufer in unmittelbarer Nähe des Fahrweges. Die Horizontalsichtweiten können im Jahresgang 5-12 Meter betragen.

Im flachen Südteil des Steinbruchsees haben sich im Laufe der Jahre große Wiesen der Kanadischen Wasserpest ausgebreitet, in denen nur spärlich andere Wasserpflanzenarten zu entdecken sind. An Fischen sind Barsch und Plötze, Schleie, Rotfeder und Karausche zu beobachten. Auf etwa 14 Metern Tiefe befindet sich ein wuchtiges Gebilde aus Bohlen und Balken, das im Steinbruchwasser recht gut erhalten blieb. Dieses Gestell kann man mit etwas Phantasie für die Reste eines Hauses ansehen. Das klare Wasser gestattet an dieser Stelle das Gestalten wunderbarer Mannaufnahmen mit Sklavenblitz, ja sogar die Fotoarbeit mit mehreren als Models agierenden Tauchpartnern. Dafür ist natürlich ein Ultraweitwinkel- oder Fisheyeobjektiv am günstigsten.

Zum zweiten See dieser Tour kommen Sie, indem Sie das Wolfsberggebiet wieder verlassen und weiter gen Röcknitz fahren. Auf der nächsten Anhöhe macht die Straße eine eckig ausgefallene S-Kurve. Hier einfach nur einmal rechts abbiegen und einem Feldweg in den Wald folgen! Unterwegs können Sie schon ausmachen, ob es der richtige Weg ist: Weithin sichtbar erheben sich auffallende Abraumhalden der Werksteinverarbeitung in der Nähe des zweiten, Hasenbruch benannten Sees. Die Halden haben irgendwie die bedrohliche Form einer kalten Mondlandschaft und sind von tiefen Erosionsrinnen geprägt.

Der Hasenbruch ist ebenfalls nur an einer Stelle zugänglich, zwischen zwei Pfeilern führt ein steiler Pfad ans Wasser. Die Felsen des eher langgezogenen Beckens erinnern an einen Canyon, das Wasser ist außergewöhnlich klar. Auf der vom Einstieg her gesehen rechten Schmalseite des Steinbruchsees befindet sich auf etwa sechs Meter Tiefe eine Art Höhle, in die wohl ein kleiner Lastkraftwagen passen würde. Obwohl gerade diese Stelle zu Fotos, namentlich Gegenlichtaufnahmen reizt, bitte Vorsicht! Die Ausatemluft arbeitet an der Decke und es kann bedenklich knacken und kleine Steinbrocken regnen. Bedenken Sie bitte, daß die Felsformationen von Steinbruchseen künstlich entstanden sind und erst nach vielen Jahrzehnten oder gar Jahrhunderten die Standfestigkeit von Naturhöhlen haben werden!

Steinbruchseen können das ganze Jahr über relativ gefahrlos betaucht werden, sofern Sie eventuelle enge Spalten und Überhänge meiden. Zur Zeit der Schneeschmelze und des Eisaufbruchs jedoch arbeitet es im Fels, scheinbar feste Wände rutschen zu Halden zusammen, für unverrückbar gehaltene Blöcke lösen sich aus dem Massiv und poltern gen Grund. Wenn das Tauwetter einsetzt und dennoch getaucht werden soll, sind andere Gewässer dringend zu empfehlen.

Teil Harz und Thüringen

Von Rübeland bis Schmalkalden

Es ist schier unmöglich, die Naturschönheiten und Kulturstätten im Harz und in Thüringen vollständig zu beschreiben, ohne einen wohl tausendseitigen Folianten zu verfassen. Deshalb soll an dieser Stelle nur eine kleine Auswahl Würdigung finden, die sich jeweils nahe an den vorgestellten Tauchgewässern befindet.

Durch die Auflösung devonischer Riffkalke hat das Wasser in der Umgebung von Rübeland 14 größere Tropfsteinhöhlen geschaffen, von denen die Baumannshöhle und die Hermannshöhle touristisch erschlossen sind. Der Besuch in der in sechs Etagen gestaffelten Hermannshöhle und der Baumannshöhle mit ihrem Höhlensee zählt zu den eindrucksvollsten Erlebnissen, die man im Harz haben kann.

Wenn Sie vom Oberharz Richtung Nordhausen fahren, sollten Sie sich das Fachwerkstädtchen Stolberg ansehen, und dann einen Abstecher nach Uftrungen unternehmen. Nahe an letzterem Dörfchen finden Sie die Schauhöhle Heimkehle, die größte Gipshöhle Europas mit gewaltigen Domen und fünf Höhlenseen. Die über zwei Kilometer lange Höhle ist auf 700 Metern für Besucher erschlossen und wird während der Führung phantastisch beleuchtet, zum Teil sogar mit Unterwasserleuchten, um die Dimensionen der Höhlenseen und Siphons (wassergefüllte Gänge) für jeden sichtbar zu machen.

Etwa zwischen Kraßteich und Thomasloch liegt Mühlhausen. Die Türme von 13 Kirchen und viele erhaltene historische Gebäude und Stadtbefestigungen geben Mühlhausen eine aufregende Silhouette. Mühlhausen war im Mittelalter freie Reichsstadt und nach Erfurt die bedeutendste Stadt Thüringens. Sieben Museen und das Reichstädtische Archiv bewahren heute die Erinnerung an eine große Geschichte und den Bauernkrieg. Ganz besonders zu erwähnen sind die vielen großen Erdfallquellen um Mühlhausen, deren Sie zwei - die Pöpperöder Quelle und die Breitsülze - im Stadtgebiet besichtigen können. An der Pöpperöder Quelle erhebt sich ein wunderschönes Brunnenhaus mit Museum, hier findet auch alljährlich Anfang Juni das auf einen heidnischen Wasserkult zurückgehende Brunnenfest statt.

Die wohl bekannteste Sehenswürdigkeit Thüringens - die Wartburg bei Eisenach - darf hier nicht unerwähnt bleiben. Die um 1067 gegründete Burg ist einer der schönsten und besterhaltensten romanischen Wehrbauten in Deutschland. Ob sie den Ausblick über das Thüringer Land genießen, stilvoll speisen, Gemälde und Schnitzereien bewundern oder der Architekturfotografie frönen wollen, die Wartburg lohnt den steilen Aufstieg. Es ist schon aufregend, einmal jene Stelle gezeigt zu be-

Seite 128 oben: **Der Kraßteich bei Volkenroda. (Foto: S. Reul)**
Seite 129 oben: **Ein Einstieg in den Thomasbrunnen sollte gesichert werden.**
Seite 129 unten: **Im "Brunnenschacht" der Karstquelle. (Fotos: F. Wieland)**

kommen, wo Martin Luther sein Tintenfaß nach dem erschienenen Teufel schleuderte...

Unweit der Bernshäuser Kutten finden sie ein weiteres geschichtsträchtiges, wunderbar verwinkeltes und geheimnisumwittertes Städtchen - Schmalkalden. Neben dem Markt und den anliegenden Gassen ist hier vor allem Schloß Wilhelmsburg eine Sehenswürdigkeit von Rang. Der bedeutende Spätrenaissancebau repräsentiert einen Baustil, wie er heute nur noch selten erhalten ist.

1. Der Blaue See

Der Blaue See liegt nördlich der Straße von Rübeland nach Hüttenrode und ist als Sehenswürdigkeit ausgeschildert. Nahebei befindet sich ein großer Parkplatz, auf dem man nach vorheriger Erkundung des restlichen Anmarschweges die Tauchausrüstung anlegen sollte.

Von den schroffen Höhen rund um den See her betrachtet, wirkt das Gewässer eigentlich mehr grün als blau. Der See entstand aus einem vor vielen Jahren gefluteten Kalksteinbruch, das Wasser ist völlig mit Kalk gesättigt. Nachdem das Wasser von oben eher grün aussah, verwandelt sich die Wasserfarbe in ein magisches, begeisterndes Blau, sowie das Naß über der Maske zusammenschlägt. Das reine Azurblau entsteht, da das stark kalkhaltige Wasser neben der teilweisen Reflexion des Tageslichtes alle anderen Farben absorbiert. Mit diesem irren Blau und schneeweißen steilen Felsen müssen sich erlebnishungrige Taucher und Fotografen denn auch begnügen, weil der See auf Grund des hohen Kalkgehaltes völlig ohne sichtbares pflanzliches und tierisches Leben ist.

Mit Superweitwinkel- und Fisheyeobjektiven lassen sich an Felswänden und im Freiwasser dramatische Taucheraufnahmen gestalten. Auch die Struktur des lose am Boden liegenden Kalkes ist interessant, er liegt in Form kleiner Bodenwellen, wie man es von flachen Sandstränden an Meeresufern kennt. Vorsicht jedoch mit Grundberührungen und heftigen, raumgreifenden Bewegungen: Sogleich verteilen sich Wolken feinsten Kalkmudds im Wasser, die das sagenhafte Blau zu einem milchigen Weiß machen und eifrige Fotografen in eine andere Region des Sees vertreiben. Obwohl sich aufgewirbelte Sedimente recht schnell wieder absetzen, da das Wasser ja ohnehin keinen weiteren Kalk aufzunehmen vermag, sind mehr als vier bis sechs Taucher auf einmal unsinnig in dem etwa acht Meter tiefen See.

Die nächste Tauchergruppe kann geradezu von draußen zusehen, wie die Wolken wieder absinken und das Wasser seine Klarheit zurückgewinnt. Erst dann ist ein nächster Einstieg sinnvoll.

2. Der Kraßteich

Von Schlotheim kommend, biegt man am Ortseingang von Körner nach rechts in Richtung Volkenroda ab. Gleich nach Passieren der Ortsgrenze des Dorfes Volkenroda steht wiederum rechter Hand ein mittelalterliches, gut erhaltenes Torhaus, welches kaum zu übersehen ist. Genau auf Höhe dieses Torhauses fährt man nach links von der Straße ab, folgt einem gewundenen und nicht sehr ebenen Feldweg. Nach einigen hundert Metern wird ein Einschnitt in dem Felde erreicht, ein kleines Tal mit Bachlauf. Links neben dem Wasserlauf führt die Fahrspur weiter, immer der Richtung des Wasserlaufes entgegen. Das Wasser fließt von Tümpel zu Tümpel, kleine Weiher wie auch ehemals künstlich gestaute und nunmehr verfallene Teiche wechseln sich ab.

Bald wird der Kraßteich erreicht, ein großer, malerisch von alten Kopfweiden umstandener Teich, dessen Wasserfläche die Form einer riesigen Bohne hat. Etwa in der Mitte, bei runden sechs Metern Tiefe, entspringt im Kraßteich eine Quelle. Hier ist das Wasser des für kleine Gewässer recht klaren Teiches noch deutlich transparenter. Man kann gut beobachten, wie sich das klare Quellwasser wenige Meter von der Quellstelle entfernt mit dem grünlichen, planktonreichen Teichwasser mischt.

Diese Quelle ist der Ursprung des murmelnden Baches, der in Richtung Volkenroda fließt. Das reichlich vorhandene, ganzjährig klar fließende Wasser bewog einst die Mönche vergangener Jahrhunderte, das Wasser des Kraßteiches mit hölzernen Rohren zum Dorf zu leiten. Reste dieser Rohrleitung sind heute noch zu sehen. Die Anlage sollte sowohl die Trinkwasserversorgung von der weit vom Ort entfernt liegenden Quelle her sichern als auch näher am Ort liegende Fischzuchtteiche speisen. Der Quellteich selbst schien den geistlichen Herren zu kalt für eine erfolgreiche Karpfenmast zu sein.

Was bietet der Kraßteich dem Taucher? An einer gut ausgebildeten Schilfzone sind Jungfischschwärme zu beobachten, unter den sonnenbeschienenen Schwimmblättern des Laichkrautes stehen intensiv gefärbte Barsche, es fehlt nicht an Muscheln und Schnecken. Im Schatten von kleinen Wasserlinsen vertilgen winzige Karauschen und Giebel die reichlich vorhandenen Kleinkrebse (Wasserflöhe). Der übervorsichtige Taucher kann am sedimentreichen Grunde Schlammpeitzger, Moderlieschen und kapitale Karauschen bewundern. Eine weitere Zierde des entlegenen Teiches sind wohlgenährte Hechte, die hier kaum durch Angler gefährdet sind.

Bitte an den Uferpartien einsteigen, die frei von Schilf und Gelegepflanzen sind. Nur rein zufällig ist uns dieser naturnahe Großteich erhalten geblieben. Er war in den letzten Jahren der DDR als Übungsplatz für Wasserfahrten von Pioniertechnik vorgesehen, aber es kam glücklicherweise nicht mehr zur Ausführung des Vorhabens. Frühjahr und Spätherbst sind die besten Tauchzeiten, während der sommerlichen Planktonproduktion werden wohl die "Augenmenschen" unter den Tauchern genug zu sehen, die Fotografen aber keine Freude haben. Und - sechs bis acht Taucher,

die tarieren können, sind genug am Wochenende! Wer hier nicht ausweichen kann, weil er nicht der erste am Gewässer war, verdirbt sich und anderen das Taucherlebnis.

Biotop Teich

So wie die Talsperre als das künstliche Gegenstück zum See gilt, ist der Teich die von Menschen geschaffene Variante eines Weihers. Ein Weiher ist von geringer Wassertiefe und wird bis zum Grunde durchlichtet, so daß auf dem ganzen Gewässerboden Pflanzen gedeihen können. Die kalte und dunkle Tiefenwasserzone von Seen fehlt hier völlig. Der Weiher bietet durch seine oft reiche Pflanzenwelt einerseits vielen Tierarten hervorragende Lebensbedingungen, ist jedoch durch Extreme gekennzeichnet. So kann es auf Grund der geringen Tiefe im Sommer zur übermäßigen Erwärmung kommen, während im Winter die Gefahr des Durchfrierens bis zum Grund besteht. Deshalb gedeihen in einem naturbelassenen Weiher oft nur wenige oder gar keine Fischarten. Im allgemeinen sind Weiher ein Eldorado für

Seite 128 oben: **Der Kraßteich bei Volkenroda. (Foto: S. Reul)**
Seite 129 oben: **Ein Einstieg in den Thomasbrunnen sollte gesichert werden.**
Seite 129 unten: **Im "Brunnenschacht" der Karstquelle. (Fotos: F. Wieland)**

Mollusken, Lurche (insbesondere Wassermolche) und Wasserinsekten beziehungsweise aquatisch lebende Insektenlarven.

Der Teich ist im limnologischen Sinne ein Weiher, allderdings kann am Teich durch künstliche Einbauten der Wasserstand manipuliert werden. Je nach Häufigkeit, Dimension und Absicht menschlicher Eingriffe können Teiche alle Stadien zwischen einem trüben Produktionsgewässer (zum Beispiel Karpfenteich) und einem klaren Weiher (zum Beispiel Anstau eines unbelasteten Baches) aufweisen. Teiche können entäuschen oder aber eine begeisternde Entdeckung für Makrofotografen sein.

3. Der Thomasbrunnen

An einem Sonnentage des Jahres 1901 ging der Bauer Thomas schweren Schrittes hinter Pflug und Gespann, mühsam zog er gerade Furchen auf seinem Acker bei Felchta. Plötzlich tat sich mit gewaltigem Getöse die Erde auf und verschlang Pferde und Pflug. Gleich darauf quoll Wasser im entstandenen Loche empor. Ganz knapp entrann der Bauer Thomas mit zitternden Knien dem Tode...

Soweit die Sage. Wahr ist, daß dieses nach dem Bauern benannte Wasserloch tatsächlich existiert. Es ist die tiefste bekannte Karstquelle der neuen Bundesländer. Was geschah unter der Erde?

In der geologischen Schicht des Mittleren Muschelkalkes existieren hier und dort große Steinsalzlinsen, die im Laufe von Jahren und Jahrhunderten vom Grundwasser völlig aufgelöst werden. Wenn ein solcher Hohlraum zu groß und damit instabil wird, stürzt das Deckgebirge ein und unter Umständen gibt es bis zutage gehende Erdfälle. Wenn ein solcher senkrechter Schacht stark wasserführende Schichten anschneidet oder dicht an geologischen Störungen entsteht, bilden sich gewaltige Quellen.

Eine solche, geologisch betrachtet sehr junge Karstquelle ist der Thomasbrunnen zwischen Mühlhausen und Felchta. Ein wahrhaft brunnenartiger Schacht von nur 12 und bisweilen noch weniger Metern Durchmesser führt senkrecht in die Tiefe der Erde. Ein Tauchgang im Thomasloch erfordert ein Bergseil oder eine Strickleiter für den Einstieg über die sehr steile, lehmige Böschung. Des weiteren sollten Taucher sicher im Tarieren sein, Decocomputer mitführen und zumindest Erfahrungen im sogenannten Kavernentauchen haben.

Lebendiges ist rar bis auf einige halophile (salzliebende) Algen. Das Vorhandensein dieser Algen erklärt sich aus der Tatsache, daß über die verschiedenen in den Schacht eintretenden Quellhorizonte auch eine Glaubersalzlösung ins Wasser gelangt. Schmeckt man übrigens auch!

Freunde der Geologie können nun an den Wänden beobachten, wie der Schacht zunächst durch die Erde führt, dann festes Gestein erreicht und sich mit wachsender Tiefe der Fels immer grobbankiger, zerklüfteter und teils überhängend zeigt. Das alles ist ein Zeichen dafür, das dieser Erdfall tatsächlich bis ins zertrümmerte und zerfressene Deckgebirge reicht. Je nach Wasserstand zeigen Dekocomputer am aus versunkenem Laub und Kalkschlamm bestehenden Grund 37 bis 42 Meter an. Wenn Sie sich vorsichtig bewegt haben, können Sie durch das kristallklare blaue Karstwasser hindurch jedes Blatt auf dem Quelltopf schwimmen sehen. Im Brunnen herrscht eine irgendwie beklemmende Atmosphäre, der Abstieg ist nichts für ängstliche Naturen!

Mehr als zwei bis drei Taucher sollten den Quelltopf nicht auf einmal besuchen, damit jeder diese eigenartige geologische Form ausgiebig bewundern kann.

Nach einem Tauchgang ist der Quelltopf lange Zeit eingetrübt, da die Quellschüttung nicht sehr stark ist. Ihre Ausatemluft hat die Ablagerungen feinsten Kalkschlammes von allen Felssimsen gerissen und im Wasser verteilt. Erst nach zwei bis drei Wochen stellt sich wieder die märchenhafte Sicht vom Grund bis zur Oberfläche ein.

4. Der Bergsee an der Ebertswiese

Ein Blick auf die Karte zeigt es, der Bergsee an der Ebertswiese liegt in unmittelbarer Nähe des Thüringischen Kammwanderweges Rennsteig. Wie erreicht man den hochgelegenen See am besten?

Von Tambach-Dietharz aus bis ins Dorf Floh fahren. In Ortslage des Dörfchens geht die ausgeschilderte "Versorgungsstraße Ebertswiese" zur gleichnamigen Gaststätte ab. Über diesen befestigten Fahrweg erreichen Sie auch mit einem Straßenwagen problemlos den Bergsee. Bitte beachten Sie, daß die genannte Anfahrt zum Bergsee mautpflichtig ist. Die Gebühr muß im Gemeindeamt Floh entrichtet werden.

Das auf allen Wegweisern euphorisch als Bergsee titulierte Gewässer ist das Restloch eines von 1923 - 1938 betriebenen Porphyrsteinbruches. Allerdings hat diese Entstehung keinen negativen Einfluß auf den landschaftlichen Eindruck, den die Gegend macht. Im Gegenteil, Sie werden erstaunt sein. Von der Oberkante des auflässigen Steinbruchkessels haben Sie einen herrlichen Blick über die grünen Höhen des Thüringer Waldes. Der blaue See zu Ihren Füßen fügt sich harmonisch in die Gebirgsansicht ein, die Natur hätte nicht besser gestalten können.

Der planktonarme See bietet oft 6, in kalten Jahreszeiten bis zu zehn Meter Horizontalsicht. Der See ist bis auf untermaßige Barsche ausgesprochen fischarm. Der Grund liegt in etwa 11 Metern Tiefe und ist recht eben. Einige Loren und andere Stahlteile zeugen vom Bergbaubetrieb. Auf schmalen Felssimsen in geringer Tiefe haben sich ein paar spärliche Wasserpflanzen angesiedelt, vor allem Wasserpest. In der Nähe des Überlaufes suchen im Frühjahr Wassermolche und Kröten den See zum

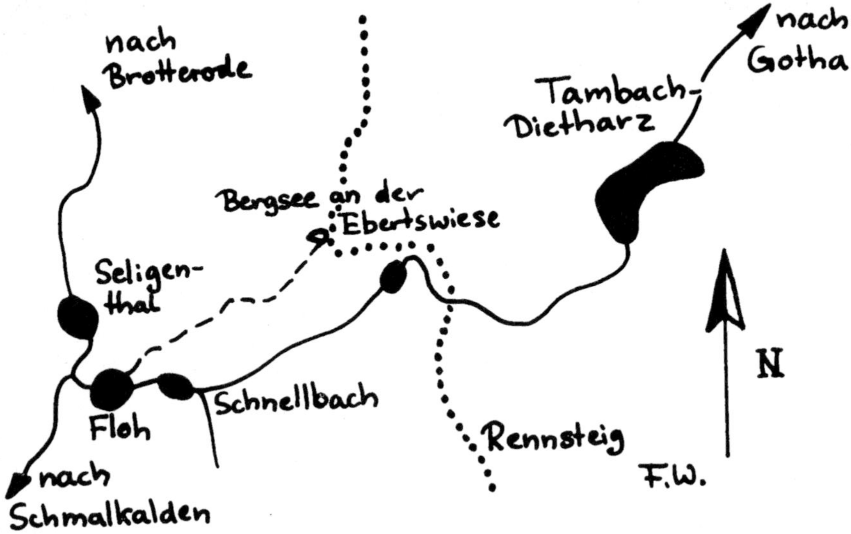

Laichen auf. Zu einem besonderen Erlebnis gestaltet sich ein Eistauchgang im See an der Ebertswiese. Wenn die Wetterlage Blankeis beschert, ist in dem sauberen Wasser mit glasklarer Eisbedeckung und phantastischen Durchsichten zu Tauchkameraden und Felswänden ein wundervolles Tauchen angesagt.

Obwohl Tier- und Pflanzenwelt unter Wasser nicht eben sensationell zu nennen sind, begeistert das Tauchen in dem kleinen Bergsee. Vielleicht auch, weil die Landschaft zum Verlieben ist...

Der Teichmolch - adultes Exemplar und kiementragende Larve.

5. Die Seen von Bad Salzungen

An der Bundesstraße 62 durch die Rhön liegt Bad Salzungen. Die Stadt besitzt gleich zwei der seltenen Einsturzseen.

Der Buchensee befindet sich in der Flur der Stadtteils Wildprechtroda, ganz nahe einer Bundeswehrkaserne. Zu DDR-Zeiten schloß das militärische Sperrgebiet den außerhalb aller Zäune gelegenen See mit ein, heute ist das Gewässer wieder frei zugänglich.

Der Einsturzsee ist beinahe bilderbuchmäßig kreisrund und fällt unter Wasser fast exakt trichterförmig bis auf eine kleine ebene Fläche in der Mitte ab. Dort werden als größte Tiefe 17 Meter erreicht.

Der Buchensee ist sehr fischreich. Hecht, Aal, Barsch und Plötze sind häufig, ebenso stehen Schleien, kapitale Bleie und Rotfedern am schräg abfallenden Seeboden. Aus der Zeit als militärisches Übungsgebiet stammen zahlreiche versunkene Holzbohlen und Ausrüstungsgegenstände der Pioniertruppen am Seegrund. Der See hat im Jahresgang horizontale Sichtweiten von 2-8 Metern und ist per Auto sehr gut zu erreichen. Der Buchensee von Bad Salzungen ist eines der wenigen stehenden Gewässer Thüringens, die man als "wirkliche Tauchgewässer" apostrophieren kann.

Etwas anders sieht es mit dem im Stadtzentrum von Bad Salzungen gelegenen Burgsee aus. Auch dieser See war schon Ziel von Tauchgängen, obwohl er ausgesprochen trübe ist. Das Hauptbecken des mit einer Fontäne versehenen Stadtsees ist 4 Meter tief, nur in der Südwestecke fällt der Seeboden auf 26 Meter ab. An dieser Stelle soll nach umstrittenen Angaben eine Salzquelle am Seeboden entspringen. Der Burgsee ist mehr oder weniger ein großer Karpfenteich, der das Stadtzentrum von Bad Salzungen angenehm auflockert. Wer den See erkunden möchte, könnte über die Burgseestraße sehr dicht ans Wasser heranfahren und dort auch einen geeigneten Parkplatz finden.

6. Die Kutten um Bernshausen

In der Vorderrhön nahe Bernshausen (Anfahrt über A4 Abfahrt Eisenach - B84 bis Dorndorf - B285 bis Abzweig Bernshausen) häufen sich die tiefen Salzeinbruchseen.

Das bekannteste Gewässer dieser Art - schon häufig Ziel von Tauchergruppen - ist die Bernshäuser Kutte. Die Umgebung des Sees ist bewaldet, ein wunderschöner Buchen- und Eichenmischwald lädt zum Spazieren ein. Die Umgebung des Sees ist

Seite 133 oben: **Der Bergsee an der Ebertswiese zwischen den grünen Höhen Thüringens, nahe am Rennsteig. (Foto: F. Wieland)**

Seite 133 unten: **Silbern glitzern die Sauerstoffbläschen, die dem Stoffwechsel der Algengebilde entstammen. (Foto: S. Reul)**

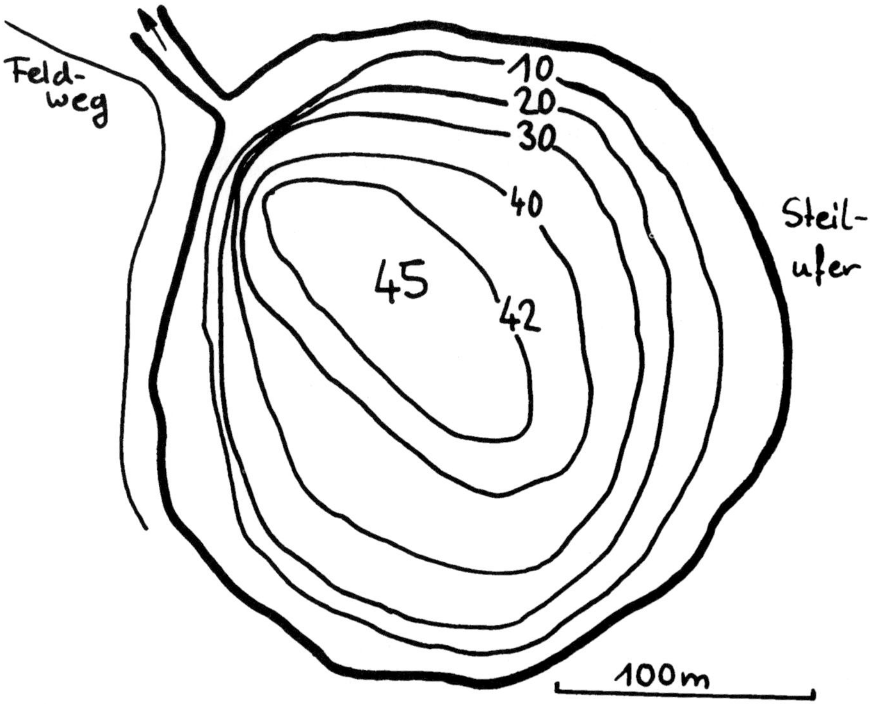

Tiefenkarte der Bernshäuser Kutte. (nach Hiekel 1972)

durchfurcht von tiefen Erosionstälern, die alle in Richtung See weisen. Die rotbraun-lehmigen Wände dieser Täler sind schwer zu überwinden, das Material weist auf die oberste verwitterte Schicht Buntsandstein hin. Die salzführenden Schichten des Zechsteins unter dem Buntsandstein wurden auch bei diesem See ausgelaugt und haben nach dem Einsturz eines gewaltigen Hohlraumes die Genese des Sees in Gang gesetzt.

Der beinahe kreisrunde See hat Steilhänge als Ufer und einen ebenso rasch abfallenden Grund. Von Osten her scheint permanent Material nachzurutschen beziehungsweise durch Niederschläge eingespült zu werden, so daß der Abfall in die Tiefe hier etwas weniger steil als am Westufer vonstatten geht. Die größte Tiefe wird bei 45 Metern erreicht.

Der eigentlich als nährstoffarm und klar bekannte See hat sich in den letzten Jahren etwas eingetrübt. Vor allem im Hochsommer werden die oberflächennahen Wasserschichten zu einer trübgrünen Phytoplanktonbrühe. Etwa ab 12 Meter Tiefe besteht ein Bereich glasklarer Grundsicht, allerdings erreicht das Sonnenlicht diese Region kaum noch. Es ist ein aufregendes Erlebnis, im Nordwesten des Sees die felsig-senkrechten, teils leicht überhängenden Wände abwärts zu tauchen. Angesichts des Lichtmangels empfiehlt sich ein 50 -Watt-Scheinwerfer. Große Steinblöcke sorgen für ein abwechslungsreiches Unterwasserbild. Die wenigen ebenen Stellen sind sandbedeckt, an der tiefsten Stelle sammelt sich fauliges Laub. An einigen Stellen klemmen versunkene Bäume in den Spalten der zerklüfteten Unterwasserhänge. Im kalten Frühjahrswasser, etwa im März, laicht der Kammolch in der Bernshäuser Kutte. Nur Wochen später läßt sich in geringer Wassertiefe der Dreistachlige Stichling beim Nestbau zusehen. Außerdem sind hin und wieder Karpfen, Hecht, Barsch, Schlei und Aal zu beobachten. In der Bernshäuser Kutte trifft man nur wenige, dafür aber recht große Fische an. Auf sandigen Absätzen leben Teichmuscheln.

Die Bernshäuser Kutte ist nicht nur als tiefster Einsturzsee der Neuen Bundesländer bemerkenswert. Nach wissenschaftlichen Messungen ist die Kutte einer der seltenen meromiktischen Seen. Das heißt, es besteht unter Wasser ganzjährig eine stabile Schichtung, die geschützte Lage im Einsturzkessel mit umliegendem Hochwald läßt eine Vollzirkulation des Seewassers im Herbst und Frühjahr bei 4°C Wassertemperatur nicht zu. Das Tiefenwasser bleibt nahezu sauerstofffrei. Diese Tatsache macht den See empfindlich gegen Verunreinigungen, er hat nahezu kein Selbstreinigungsvermögen. Die Bernshäuser Kutte und ihre Umgebung sind Naturschutzgebiet.

Weitere betauchbare Einsturzseen, die jedoch nicht die gewaltigen Ausmaße der Bernshäuser Kutte haben, sind die Urnshäuser Kutte (auch Schönsee) und die Roßdorfer Kutte (auch Gräfensee).

Die Urnshäuser Kutte liegt im dichten Wald und ist als Schönsee ausgeschildert. Zerschlagene Absperrungen und ein offener Bunker am Waldweg weisen noch auf das ehemalige "Privilegierten-Erholungsgebiet" mit Wache und Schlagbaum am Schönsee hin. Hier sind maximal 24 Meter Tiefe zu erreichen.

Die Roßdorfer Kutte ist ein deutlich kleinerer Einsturzsee mit dicken Laubablagerungen, schlammigen Ufern und gewaltigen Faulschlammbänken. Die Horizontalsicht gestattet beinahe nur Porträts der zahlreichen Fische.

7. Die Todtenlache

In der Flur des Dorfes Rappelsdorf nahe Schleusingen liegt die Todtenlache. Dieser erstaunliche kleine See mit seinen drei Teilbecken ist ein Phänomen, das sich einer Einordnung weitgehend entzieht. Schließlich wurde das Gewässer - Zwischending aus gestautem Oberflächenwasser, Zechsteinauslaugungen, Erdfällen und Karstquelle - als Erdfallquellsee klassifiziert.

Der winzige See in der Schleuseaue hat ganzjährig etwa 10°C Wassertemperatur und friert nicht zu. Der geheimnisvolle, im Winter ob seiner Temperatur nebligdampfend daliegende See ist von zahlreichen Sagen umgeben. Heinrich Doering erzählt im Band 6 "Thüringen und der Harz" von 1842 folgende Geschichte:

"Es begab sich einst, daß aus der Todtenlache eine Nixe hervorkam, anzuschauen wie ein schlankes Mägdlein, mit scharlachrother Schärpe um die Lenden, doch hintennach einen häßlichen Fischschwanz schleifend. Auch das Mieder war schuppig und von seegrüner Farbe, wie das Wasser in der Todtenlache. Dabei trug sie ein schwarzes Korallenband um den Hals, und den Busen deckte ein rotes Tuch, an welchem ein Perlenstrauß befindlich. In solcher Gestalt und Kleidung hatte das Wasserfräulein sich nach einem unweit Rappelsdorf gelegenen Wirthshaus verfügt, die Hudelsburg geheißen. Dort war alles fröhlig und guter Dinge, denn es ward dort eine Hochzeit gehalten. Es wählte sich aber die Nixe einen unter den muntern Junggesellen, zu dem sie sich an den Tische setzte, und mit ihm plauderte und koste. Der war der lange Friedel geheißen und gewann das holdselige Mägdlein gar lieb - und tanzte mit ihr um die Linde vor dem Wirthshause. Sie aber tat gar schön mit ihm und herzte und küßte ihn und vertraute ihm im stillen, wie sie so gar gern seine Braut wäre. Als nun der Abend herangekommen und es fast Nacht geworden, da sprach sie

Seite 136 unten: **Die Bernshäuser Kutte.**
Seite 137 oben: **Die Todtenlache bei Rappelsdorf.**
Seite 137 unten: **Beeindruckende Algengebilde im Erdfallquellsee.**
(Fotos: F. Wieland)

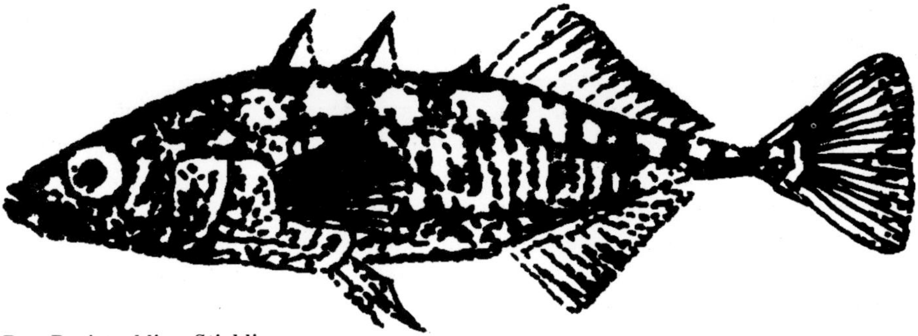

Der Dreistachlige Stichling.

mit Tränen: ‚Nun muß ich dich verlassen und wieder hinab in das Wasser, wo ich wohne; denn ich bin schon lange bei Dir geblieben, und ich bin hierher gekommen trotz meines Vaters Verbot. Ich fürchte, mit dem Leben werd' ich dafür büßen müssen. Lebe wohl, lieber Friedel, und merke wohl, was ich dir sage. Gehe morgen, sowie es tagt, an die Todtenlache. Ist das Wasser hell und grün, so sei dir das ein Wahrzeichen, daß ich noch am Leben; wenn aber die Fluth bleich sieht und todtenfarb, dann, Geliebter, magst du dich überzeugt halten, daß auch mein Auge im Tode erloschen.' So sprechend, küßte sie ihren lieben Friedel und entwich. Er fand aber, als er am andern Morgen an die Todtenlache kam, das Wasser bleich und wie mit Blut gefärbt. Da ergriff ihn Verzweiflung, und er sprang hinab, um sich durch den Tod zu vereinigen mit seiner Geliebten."

Eine andere Überlieferung berichtet, daß am 28. November 1663 der älteste Sohn des Bauern Rieger aus Rappelsdorf die Tocher eines angesehenen Schleusinger Bürges heiratete. In lustiger Weinlaune kutschierte man nachts zurück über die Schleusewiesen nach Rappelsdorf. Kurz vor Erreichen des Dorfes tat sich die Erde auf, die Hochzeitskutsche kippte zur Seite und die ganze Gesellschaft fand den Tod in den schlammigen Fluten des eben entstehenden Weihers.

Genug der Legenden!

Was erwartet den Taucher in der Todtenlache? Drei Quelltrichter sind - am besten einzeln - zu betauchen. Der Nördlichste, nur etwa dreieinhalb Meter flache Quelltrichter ist der kleinste, hat aber als einziger die typische Wasserfärbung von Karstquellen. Mit ultrakurzen Brennweiten oder Fisheyes lassen sich in dem an malerischen Algen reichen Quelltopf herrliche Einstellungen fotografieren. Im hellen Kalkboden des Quelltopfes öffnen sich fünf große Einzelquellen; das aus den Tiefen der Erde nachdrückende Wasser hält dort schneeweißen Kalkschlamm am Brodeln und sendet Gasblasen aus. Im eisig-kalten Karstwasser flitzen nur Stichlinge umher.

Der mittlere, deutlich größere Quelltopf ist etwa 5 Meter tief. Hier mischt sich schon das Quellwasser des ersten Kessels mit dem einströmenden Oberflächenwasser eines Wiesengrabens. Während man den ersten Quelltopf von Ufer zu Ufer überblikken konnte, beträgt die Sicht hier "nur noch" 6 - 8 Meter. In diesem Quelltopf sind Tothölzer mit gewaltigen Algengebilden verkleidet, einem Konglomerat aus Grün-, Kiesel- und Blaualgen. Außerdem beobachtet man in flacheren Beckenteilen Bestände von Quellmoos und Characeen (Armleuchtergewächsen).

Neben dem Dreistachligen Stichling können wir in diesem Becken auch Goldorfen und Forellen ausmachen.

Das dritte und letzte Becken ist auch das Tiefste! Während die vorderen beiden Erdfälle keinen Fels sehen lassen, wurde im hinteren Quelltopf das Gestein des Deckgebirges bloßgelegt. Bei etwa 8 Meter Tiefe beginnt eine winzige Quellhöhle, die kurze Zeit (bevor das unweigerlich aufgewirbelte Sediment heran ist) bis auf etwa 10 Meter einzusehen, jedoch nicht betauchbar ist. Hier quillt ein spürbarer Wasserstrom hervor. Die Todtenlache ist eines der schönsten, aber auch empfindlichsten Gewässer in Thüringen. Tauchergruppen von mehr als vier Tauchen sind zwecklos, keiner würde dann noch alle Schönheiten dieses seltenen Erdfallquellsees zu sehen bekommen oder gar fotografieren können. Bedenken Sie bitte bei jeder Unternehmung, daß es sich hier um ein geschütztes Naturdenkmal handelt.

Die Tauchbasen und Füllstationen des Südens in Stichworten

1. Sporthaus Weißensee / Horst Goschnick / Tauchladen und nächstliegende Füllstation an der Autobahn Berliner Ring / Langhansstraße 18, 13086 Berlin, Telefon: 030-9664761, Funktelefon: 0161-2341502.

2. Rath's Tauch- und Surfshop / Tauchladen und Füllstation / Jahnstraße 9, 15517 Fürstenwalde/Spree, Telefon: 03361-63746 oder 63612.

3. Aqua-Aero-Tauchschule / Detlef Pistor / Saison 1. Mai bis 30. September / komplette Ausrüstung für 10 Taucher / Füllstation / Tauchen in Helene- und Katjasee bei Frankfurt-Oder / Unterbringung in Bungalows der Touristenklasse / Schulungen nach CMAS und DIWA / Buchungen über Aqua-Aero-Tauchschule Berlin, Gielsdorfer Straße 7, 12623 Berlin, Telefon: 030-5275396, Funktelefon auf der Basis: 0161-1313808 oder 1313866.

4. Tauchschule Alpha Berlin-Lichtenberg / Wilfried Fischer / ganzjährig Tauchkurse am Helenesee / Füllstation und Geräteverleih / Unterkünfte im Rahmen der Tauchkurse / Ausbildung nach UDI / Buchungen über Wilfried Fischer, Atzpodienstr. 50, 10365 Berlin Telefon: 030-5593661.

5. Tauchstudio Scheffel / ganzjährig Tauchschule und Füllstation / Tauchen im Straussee und umliegenden Seen / komplette Ausrüstung für 3 Taucher / Ausbildung nach UDI / Buchungen über Tauchstudio Scheffel, Ernst-Thälmann-Str. 111, 15344, Strausberg.

6. TRADI-Club / Bernd Reißland / komplette Ausrüstung für 6 Taucher / Füllstation / Tauchexkursionen an Seen in und um Potsdam / Kurse im Orientierungstauchen und Trockentauchen / Schulungen nach CMAS und PADI / Buchungen über TRADI-Club, Reisebüro- und Tauchsportservice, Friedrich-Ebert-Straße 85, 14467 Potsdam, Telefon: 0331-25407, Fax: 0331-21757.

7. Tauchertechnik Brandenburg GmbH / Traudel & Horst Pastor / ganzjährig / Sport- und Tauchladen / Füllstation / Fertigungsbetrieb für Tauchertechnik, Wettkampf-Schwimmanzüge, Lungenautomateninstandsetzung, Flaschen-TÜV bis 20 Liter / Tauchschulungen nach DIWA / Anfragen an Tauchertechnik Brandenburg GmbH, Geschwister-Scholl-Straße 10, 14776 Brandenburg, Telefon und Fax: 03381-23726.

8. Müller's Wassersportcenter / Jürgen Müller / Tauchladen und Füllstation / Ausrüstung muß komplett mitgebracht werden / Tauchschulungen nach VDST und Barakuda / Buchungen an Müller's Wassersportcenter, Heidestraße 32, 39112 Magdeburg.

9. Aqua- Aero-Klub e.V. / Matthias Köcher / Basisbetrieb am Plattensee bei Dannigkow Juni bis September täglich, Vor- und Nachsaison Freitag 17.00 Uhr bis Sonntag abend / Füllstation / Erlebnistauchen in den Dannigkower Steinbruchseen / ökologisch rücksichtsvolles Tauchen mit kleinen Taucherzahlen, keine Anfängerausbildung / Tauchausrüstung muß komplett mitgebracht werden / Ausbildung für Fortgeschrittene nach VDST und VDTL / transportable Druckkammer / Lehrgänge im Fallschirmspringen werden vermittelt / Bungalows

für 18 Taucher / Platz für Wohnmobile und Zelte / taucherspezifische Verpflegung in nahegelegener Gaststätte / Buchung über Matthias Köcher, Büchnerstraße 19, 39114 Magdeburg, Telefon: 0391-5614756, Fax: 0391-5614757, Telefon Basis am Plattensee: 039200-716.

10. Marineclub Bergwitzsee / Volker Buder / Saison März bis September täglich, sonst nach Absprache / Füllstation / stationäre Druckkammer / komplette Ausrüstung für 4 Taucher / Erlebnistauchen im Bergwitzsee / zwei Tauchstationen und ein Wrack / Bungalowplätze für 24 Taucher / Vollverpflegung möglich / Sauna, Solarium, Fitneßraum, Grillecke / Tauchschulungen nach CMAS und VDST / Buchungen über Marineclub Bergwitzsee, Hallesche Straße 23, 06773 Bergwitz, Telefon: 034921-8293.

11. Tauchertreff Silberhöhe / Scuba Tauchsport GmbH / Tauchladen und Füllstation / ganzjährig / komplette Ausrüstung für 10 Taucher / Automatenservice, TÜV / Tauchexkursionen an Gewässer um Halle und Leipzig / Tauchschulungen nach CMAS, VDST und DIWA / Buchungen an Tauchertreff Silberhöhe, G. Staude-Straße 19, 06132 Halle, Telefon und Fax: 0345-786386.

12. Action Sport GmbH / Dirk Hartmann / Tauchladen und Füllstation / ganzjährig / komplette Ausrüstung für 5 Taucher / Erlebnistauchen im Südsee des Senftenberger Sees / Unterkunft für 5 Personen in Clubbasis / Zeltplatz für 20 Personen, Vermittlung von Hotelplätzen / Tauchschulungen nach UDI / Buchungen an Action-Sport-GmbH, Thälmann-Straße 61, 01968 Senfenberg, Telefon und Fax: 03573-792177.

13. Tauchschule Dresden / Harald Spallek & Uwe Prokop / Tauchladen und Füllstation / Basisbetrieb am Steinbruchsee Hausstein in 01920 Steina an allen

Wochenenden / komplette Ausrüstung für 10 Taucher / Tauchfahrten an Lausitzer Seen / transportable Druckkammer / Tauchschulungen nach Barakuda / Spezialbrevets Orientierung, Tauchrettung, Eistauchen, Trockentauchen / Bungalowplätze in Steina für 20 Taucher / Buchungen über Tauchschule Dresden, Kesselsdorfer Straße 44, 01159 Dresden, Telefon: 0351-436789 wochentags 13-18.00 Uhr.

14. Tauchsport Alkyone / Ralph Burgschat / Tauchladen und Füllstation / Spitzwegstraße 82, 01219 Dresden, Tel.: 0351-4110695.

15. Tauchschule / Tauchshop / Volkmar Elfert / Tauchladen und Füllstation / ganzjährig / komplette Ausrüstung für 3 Taucher / Erlebnistauchen in Oberlausitzer Steinbruchseen / Tauchschulungen nach VDST und DIWA / Anfragen an Volkmar Elfert, Tauchschule, Am Steinbruch 12, 02763 Eckartsberg, Telefon Laden: 03583-703337, Telefon privat: 03583- 685451 / Erlebnistauchen im Steinbruchsee Eckartsberg und Unterkunft nur über Eckehart Schäfer, Tauchclub Zittau e.V., Theodor-Körner-Allee 3, 02763 Zittau, Telefon: 03583-3227.

16. Tauchsport-Shop / Gisa Sprigade / ganzjährig / Füllstation / komplette Ausrüstung für 5 Taucher / Erlebnistauchen in Teichen und Bergbaurestlöchern um Bad Muskau / Tauchschulungen nach VDST / Vermittlung von Zeltplätzen und Privatzimmern / Buchungen an Tauchsportshop Gisa Sprigade, Forster Straße 20, 02953 Bad Muskau-Köbeln.

17. Tauchshop Florian / Monika & Dieter Florian / ganzjährig / Tauchladen und Füllstation / Erlebnistauchen in Tagebaurestseen um Leipzig / Unterwasserfotografie / Tauchschulungen nach DIWA / Anfragen an Tauchshop Florian, Hallesche Straße 67, 04469 Lützschena bei Leipzig, Telefon: 0341-4777019.

18. Diving Travel Shop / Peter Liebmann / ganzjährig / Tauchladen und Füllstation / Verleih und Verkauf von Unterwasserfoto & Videoausrüstung / komplette Ausrüstung für 10 Taucher / Erlebnistauchen im Kulkwitzer See / Tauchschulungen nach CMAS und VDST / Übernachtungsmöglichkeiten für 12 Taucher in eigener Basis am Wasserrettungsturm Lausen / Buchungen über Diving Travel Shop, Georg-Schumann-Straße 265, 04159 Leipzig, Telefon und Fax: 0341-583037.

19. Taucherparadies Sachsen / Uwe Seidel / Tauchladen und Füllstation / ganzjährig / komplette Ausrüstung für 5 Taucher / Erlebnistauchen in Steinbruch- und Baggerseen um Waldsteinberg / Tauchschulungen nach DIWA / Übernachtungsmöglichkeiten für 4 Taucher + Zeltplätze / Buchungen über Taucherparadies

Sachsen, Uwe Seidel, Waldwinkel 11, 04821 Waldsteinberg, Telefon: 034292-2541.

20. Tauchshop Flipper / Krüger und Palkowski / Tauchladen und Füllstation / ganzjährig / Ausrüstung muß komplett mitgebracht werden / Tauchen im Steinbruchsee Kirchberg und Talsperre Pöhl / Tauchschulungen nach CMAS, VDST und VDTL / Unterbringung in Wohnwagen für 10 Taucher / Anfragen an Tauchshop Flipper, Moritzstraße 25, 08056 Zwickau.

21. Tauchpartner Gera / Bärbel Steinmetzger und Janko Pantzer / Tauchladen und Füllstation / ganzjährig / komplette Ausrüstung für 4 Taucher / Tauchexkurionen in die nähere Umgebung / Tauchschulungen nach DIWA / Buchungen über Tauchpartner Gera, Platz des Friedens 5, 07552 Gera-Langenberg, Telefon: 0365-29539 oder 4142240, Fax: 0365-52594.

22. Sport Raabe / Timm Raabe / Tauchladen und Füllstation / ganzjährig / Tauchtage und Inlandexkursionen / komplette Ausrüstung für 20 Taucher / Tauchschulungen nach CMAS, PADI, VIT und VDTL / Unterbringung und Verpflegung für 10 Taucher möglich / Buchungen über Sport-Raabe, Karl-Marx-Allee, 07629 Hermsdorf (Thüringen), Telefon und Fax: 036601-62210

23. VIT- Tauchschule / Tauch & Sport - Hauschild / Tauchladen und Füllstation / ganzjährig / komplette Ausrüstung für 4 Taucher / Tauchschulungen nach VIT / Surfbrettverleih / Tauchen im Baggersee der Basis / Anfragen an Tauch & Sport-Hauschild, Alperstädter Landstraße, 99195 Alperstädt, Pf 93, Telefon und Fax: 0361-415049.

24. Tauch-Surf-Camping-Marx / Matthias Marx / Tauchladen und Füllstation / ganzjährig / komplette Ausrüstung für 5 Taucher / Tauchschulungen nach PADI / Spezialwerkstatt für Neopreneartikel und Trockenanzüge / Anfragen an Fa. Marx, Liebknechtstraße 60, 99085 Erfurt, Telefon und Fax: 0361-6422747.